"十三五"高职高专会计专业规划教材

基础会计习题与实训

JICHUKUAIJI XITIYUSHIXUN

主　编　姚云霞
副主编　龙　霞　葛　瑶
主　审　刘中爱

中国经济出版社
北　京

图书在版编目（CIP）数据

基础会计习题与实训/姚云霞主编．
北京：中国经济出版社，2016.9（2022.9重印）
"十三五"高职高专会计专业规划教材
ISBN 978 – 7 – 5136 – 4306 – 1

Ⅰ.①基… Ⅱ.①姚… Ⅲ.①会计学—高等职业教育—教学参考资料
Ⅳ.①F230

中国版本图书馆 CIP 数据核字（2016）第 163532 号

责任编辑	焦晓云
责任审读	贺　静
责任印制	马小宾
封面设计	任燕飞装帧设计工作室

出版发行	中国经济出版社
印 刷 者	北京建宏印刷有限公司
经 销 者	各地新华书店
开　　本	787mm×1092mm　1/16
印　　张	10.75
字　　数	255 千字
版　　次	2016 年 9 月第 1 版
印　　次	2022 年 9 月第 9 次
定　　价	26.00 元

广告经营许可证　京西工商广字第 8179 号

中国经济出版社 网址 www.economyph.com 社址 北京市东城区安定门外大街 58 号 邮编 100011
本版图书如存在印装质量问题，请与本社销售中心联系调换（联系电话：010 – 57512564）

版权所有　盗版必究（举报电话：010 – 57512600）
国家版权局反盗版举报中心（举报电话：12390）　　服务热线：010 – 57512564

前　言

《基础会计习题与实训》是《基础会计》（中国经济出版社出版，姚云霞主编）的配套辅助教材，目的是让学生在学习了理论知识后，进行相应的练习和实训。

本辅助教材具有以下特点：

（1）结构合理，内容前瞻。本辅助教材以财政部于2014年7月1日起执行的最新《企业会计准则》和国家税务总局最新实施的"营改增"政策为依据编写而成，将新会计准则和新税收法规的内容融入各章节习题和实训之中。在编排上，力求符合教学规律，结构严谨，脉络清晰。

（2）题型多样，内容丰富。本辅助教材分别设计了职业基本素质训练题型（含单项选择题、多项选择题、简答题、判断题）、职业基本技能训练题型（主要是计算业务题）和职业综合技能训练题型（主要是分章节实训题），同时还安排了综合运用本课程所学内容的综合实训，题型多样且数量充足，便于学生在学习了主教材内容之后，多角度、全方位地进行练习。

（3）实务性和可操作性强。本辅助教材设计的计算业务题、分章节实训题和综合实训题，均以企业的实际业务为原型，配有大量的原始单据，突出实务性和操作性。通过练习和实训，能够有效培养学生的职业素质和职业技能，提高学生在真实情境中运用借贷记账法处理实际业务的能力。

（4）一账两用，适用性强。本辅助教材的综合实训题，既可用于学生运用借贷记账法进行手工会计账务处理，又可运用金蝶会计软件进行会计电算化处理，一账两用，具有较高的通用性和适用性。

（5）紧密结合主教材，与主教材的融合度很高。本辅助教材所有题型和内容，涵盖了主教材的全部内容，可与主教材配套使用。

本辅助教材由安徽财贸职业学院姚云霞担任主编，安徽财贸职业学院龙霞、葛瑶担任副主编，安徽财贸职业学院刘中爱担任主审。具体分工如下：第一章由葛瑶编写，第二章、第三章和第八章由刘中爱编写，第四章和第五章由姚云霞编写，第六章由龙霞编写，第七章和第十章由谢梅花编写，第九章由孙敬平编写，综合实训题由安徽财贸职业学院宋鹤年编写。全书由姚云霞负责修改、总纂与定稿。

在本辅助教材编写过程中，我们参考了同行及有关专家的教材和案例，得到安徽财贸职业学院相关领导、同事、有关企业专家、学者及中国经济出版社的大力支持，在此一并表示感谢！

本辅助教材无论是在内容上还是体例上，都做了新的尝试，但由于编者理论知识和实践能力有限，加之会计理论与实务均处于不断发展当中，书中难免有不妥和疏漏之处，敬请各位专家、学者，以及使用本教材的老师、同学和读者朋友批评指正。

编　者
2016 年 8 月

目　　录

第一章　总论 ··· 1

第二章　会计要素与会计恒等式 ··· 6

第三章　账户和复式记账 ·· 16

第四章　账户和复式记账法的应用 ·· 33

第五章　会计凭证 ··· 51

第六章　会计账簿 ··· 72

第七章　财产清查 ··· 83

第八章　财务会计报告 ··· 91

第九章　会计核算程序 ··· 102

第十章　会计工作组织 ··· 124

基础会计综合实训 ··· 127

第一章 总 论

一、单项选择题

1. 会计是（　　）。
   A. 记账的
   B. 记账、算账和报账的
   C. 预测、决策和分析的
   D. 经济管理活动，是经济管理的重要组成部分

2. 中国最早的注册会计师是（　　）。
   A. 杨纪婉　　　　B. 阎达伍　　　　C. 潘序伦　　　　D. 谢霖

3. 会计的基本职能是（　　）。
   A. 核算和监督　　　　　　　B. 控制和监督
   C. 反映和控制　　　　　　　D. 核算和控制

4. 按照企业会计准则的规定，我国企业应采用的会计基础是（　　）。
   A. 权责发生制　　　　　　　B. 收付实现制
   C. 实地盘存制　　　　　　　D. 永续盘存制

5. 应收账款提取坏账准备这一做法属于对（　　）会计信息质量要求的具体运用。
   A. 重要性　　　　　　　　　B. 谨慎性
   C. 可比性　　　　　　　　　D. 实质重于形式

6. 会计主体的基本前提为会计工作规定了活动的（　　）。
   A. 时间范围　　　　　　　　B. 空间范围
   C. 业务范围　　　　　　　　D. 核算范围

7. 会计的对象是（　　）。
   A. 企业生产资金运动
   B. 社会再生产过程中能用货币表现的资金及资金运动
   C. 企业资金的投入和退出
   D. 企业的各项活动

8. 会计的计量尺度主要是（　　）。
   A. 劳动量　　　　B. 实物　　　　C. 货币　　　　D. 时间

9. 确定会计工作时间范围的前提条件是（　　）。
   A. 会计主体　　　　　　　　B. 持续经营
   C. 会计分期　　　　　　　　D. 货币计量

10. 我国企业以（　　）为一个会计年度。
    A. 生产周期　　　　　　　　B. 企业开始设立的那一天到次年的同一天

C. 日历年度　　　　　　　　　　D. 企业开始设立的那一天到终止的那一天

11. 华泰公司 2015 年 6 月份销售甲产品一批，货款计 100 000 元，货已发出，货款 7 月份才能收回；6 月份收回上月赊销给江明公司的 A 产品货款 400 000 元；6 月份销售乙产品一批，货款 150 000 元，款已收讫。按照权责发生制，该厂 2015 年 6 月份的收入应为（　　）元。

　　A. 650 000　　　B. 500 000　　　C. 450 000　　　D. 250 000

12. 下列做法中符合会计谨慎性原则的是（　　）。

　　A. 因为尚未收到销售货款，因此不确认销售收入

　　B. 对应收账款合理计提坏账准备

　　C. 对固定资产计提减值时，尽量少的估计其可收回金额，以避免虚增资产

　　D. 对存货进行期末清查

13. 华泰公司 2015 年末发现销售市场萎缩，无法实现年初确定的销售计划，但考虑到 2016 年春季后销售市场份额可能会增大，为此提前预计库存商品销售实现，在 2016 年末制作了若干张存货出库凭证，并确认为 2015 年度的销售收入。这种做法违背了会计信息质量（　　）的基本要求。

　　A. 可靠性　　　　　　　　　　B. 可比性

　　C. 谨慎性　　　　　　　　　　D. 实质重于形式

14. 以融资租赁方式租入的资产，在会计上视同自有资产来确认、计量和报告，并列入企业的资产负债表，其所体现的会计信息质量的基本要求是（　　）。

　　A. 重要性　　　　　　　　　　B. 可比性

　　C. 谨慎性　　　　　　　　　　D. 实质重于形式

15. 企业对固定资产采取加速折旧法，其所体现的是（　　）。

　　A. 可靠性　　　　　　　　　　B. 可比性

　　C. 谨慎性　　　　　　　　　　D. 实质重于形式

16. 对于同一企业不同时期发生的相似或相同的交易或者事项，应当采用一致的会计政策，不得随意变更，其所体现的会计信息质量的基本要求是（　　）。

　　A. 可靠性　　　　　　　　　　B. 实质重于形式

　　C. 谨慎性　　　　　　　　　　D. 可比性

17. 会计方法体系中最基本的方法是（　　）方法。

　　A. 会计核算　　　　　　　　　B. 会计分析

　　C. 会计决策　　　　　　　　　D. 会计检查

18. 2016 年 1 月 1 日，华泰公司以银行存款 240 000 元预付全年房租，月底将其中的 20 000 元计入当月的费用，这种行为符合（　　）。

　　A. 谨慎性　　　　　　　　　　B. 及时性

　　C. 权责发生制　　　　　　　　D. 收付实现制

19. 我国目前执行的《会计法》于（　　）修订并发布。

　　A. 1985 年 1 月 21 日　　　　　B. 1993 年 12 月 23 日

　　C. 1999 年 10 月 31 日　　　　　D. 2000 年 7 月 1 日

20. 按照《会计法》的相关规定，会计人员必须具备（　　）才能从事企业单位的会计工作。
　　A. 会计专业毕业证书　　　　　　　B. 大专毕业证书
　　C. 会计从业资格证书　　　　　　　D. 助理会计师证书
21. 建立货币计量假设的基础是（　　）。
　　A. 币值变动　　　　　　　　　　　B. 人民币
　　C. 记账本位币　　　　　　　　　　D. 币值稳定

二、多项选择题

1. 会计方法主要包括（　　）方法。
　　A. 会计核算　　　　　　　　　　　B. 会计检查
　　C. 会计分析　　　　　　　　　　　D. 会计管理
2. 下列属于会计核算专门方法的有（　　）。
　　A. 设置账户和复式记账　　　　　　B. 填制和审计会计凭证
　　C. 登记账簿和编制报表　　　　　　D. 财产清查
3. 下列会计核算方法中，体现谨慎性的有（　　）。
　　A. 对应收账款计提坏账准备
　　B. 固定资产采用加速折旧法
　　C. 对已销售产品预提保修费
　　D. 物价持续上涨时，存货计价采用先进先出法
4. 根据收付实现制的要求，下列经济业务中应作为本期收入或费用的有（　　）。
　　A. 本月预收账款，款已存入银行
　　B. 本月预付下年度的书报资料费，开出转账支票
　　C. 发出产品，款已于上月预付
　　D. 预提本月短期借款利息
5. 下列表述中正确的有（　　）。
　　A. 法人可以作为会计主体
　　B. 会计主体可以是法人，也可以是非法人
　　C. 会计主体可以是单位的主体，也可以是由几个企业组成的企业集团
　　D. 不相关联的几个企业能作为一个会计主体
6. 对会计事项重要性的判断主要应从（　　）等方面进行。
　　A. 数量金额上的大小　　　　　　　B. 对企业经营影响程度的大小
　　C. 对会计核算工作繁重程度的影响大小　D. 在时间上的影响长短
7. 按照权责发生制原则，下列销售业务中，属于本期销售收入的有（　　）。
　　A. 本月向甲单位销售并发出产品一批，货款尚未收到
　　B. 上月销售给乙单位的产品，货款本月收到
　　C. 预收丁单位的货款，产品尚未发出
　　D. 上月预收丙单位的货款，本月发出产品

8. 下列各项中,可以作为明光集团公司主体会计的有(　　)。
   A. 明光集团公司黄河子公司
   B. 明光集团公司的股东王某
   C. 明光集团公司下独立核算的长江分公司
   D. 明光集团公司
9. 会计法规体系从纵向看包括(　　)。
   A. 全国人大制定的会计法律
   B. 国务院制定的会计行政法规
   C. 财政部制定的会计制度和企业会计准则
   D. 地方人大制定的地方性会计法规
10. 会计的信息质量要求包括(　　)。
    A. 实质重于形式   B. 谨慎性
    C. 权责发生制   D. 收付实现制

三、判断题

1. 会计核算主要以货币作为计量单位。(　　)
2. 我国会计准则规定,凡是在我国境内的企业会计核算,必须以人民币作为记账本位币。(　　)
3. 会计核算和会计监督是会计工作的两项重要内容,在实际工作中应将两者严格区分开来,单独进行。(　　)
4. 可比性会计信息质量要求企业一旦采用某种会计方法和程序,在以后的会计期间就不能改动。(　　)
5. 会计期间的划分,既是正确计算收入、费用和损益的前提,又是可比性会计信息质量要求产生的基础。(　　)
6. 1494 年,意大利数学家卢卡在其著作《算术、几何、比及比例概要》中论述了复式记账方法,从此标志着近代会计的开始,卢卡也由此被称为"会计之父"。(　　)
7. 一般来讲,法人应该是会计主体,但是会计主体不一定是法律主体。(　　)
8. 我国《会计法》规定,会计核算必须以人民币为记账本位币,业务收支以人民币以外的货币为主的单位,也应当以人民币为计量单位。(　　)
9. 相关性原则要求企业提供的会计信息能满足不同会计信息使用者的需要,这要求会计在对企业发生的经济业务进行核算时不分业务巨细,均采用相同的处理方法。(　　)
10. 会计人员必须持有会计从业资格证书才能到企业单位从事会计工作。(　　)
11. 会计核算的基本前提是指会计领域某些无法正面论证的事物,根据客观、正常的情况和趋势所作出的合理推论和假设。(　　)
12. 会计的本质是属于一项经济管理活动。(　　)

四、计算分析题

【目的】会计基础练习。
【资料】华泰公司 2016 年 6 月发生以下经济业务:

（1）5日，收到上月产品销售货款，计价 200 000 元，货款存入银行。
（2）10日，销售产品一批，售价 100 000 元，其中 50 000 元已收到现款并存入银行，其余 50 000 元货款尚未收到。
（3）15日，预收销货款 50 000 元，款已存入银行，货款约定于下月 10 日发出。
（4）18日，以银行存款支付第一季度借款利息，共计 50 000 元。
（5）20日，发出上月预收货款的产品，售价 80 000 元。
（6）30日，以银行存款支付本月的水电费 20 000 元。
（7）30日，预付三季度房租 10 000 元。
（8）30日，本年初已预付两年的财产保险费 24 000 元，本月应分摊 1 000 元。
（9）30日，预提本月短期借款利息 10 000 元。

【要求】根据以上资料，分别采用权责发生制和收付实现制，计算华泰公司 2016 年 6 月的收入、费用和利润。

习题参考答案

一、单选题

1. D 2. D 3. A 4. A 5. B 6. B 7. B 8. C 9. B 10. C 11. D 12. B 13. A 14. D 15. C 16. D 17. A 18. C 19. C 20. C 21. D

二、多选题

1. ABC 2. ABCD 3. ABC 4. AB 5. ABC 6. AB 7. AD 8. ACD 9. ABCD 10. AB

三、判断题

1. √ 2. × 3. × 4. × 5. √ 6. √ 7. √ 8. × 9. × 10. √ 11. √ 12. √

四、计算分析题

1. 权责发生制
收入：180 000 元 费用：40 000 元 利润：140 000 元
2. 收付实现制
收入：300 000 元 费用：80 000 元 利润：220 000 元

第二章　会计要素与会计恒等式

一、单项选择题

1. 在会计六要素中，反映财务状况的会计要素在（　　）中列示。
   A. 资产负债表　　　　　　　　　　B. 利润表
   C. 现金流量表　　　　　　　　　　D. 所有者权益变动表

2. 下列资产中，不属于非流动性资产的是（　　）。
   A. 长期股权投资　　　　　　　　　B. 交易性金融资产
   C. 固定资产　　　　　　　　　　　D. 无形资产

3. 负债的本质特征是（　　）。
   A. 负债是由企业过去的交易或者事项形成的
   B. 负债是企业承担的现时义务
   C. 负债预期会导致经济利益流出企业
   D. 未来流出的经济利益的金额能够可靠地计量

4. 下列各项中，不符合收入类要素定义的是（　　）。
   A. 营业外收入　　　　　　　　　　B. 主营业务收入
   C. 其他业务收入　　　　　　　　　D. 出租固定资产取得的收入

5. 应收账款账户期初借方余额为 35 400 元，本期借方发生额为 26 300 元，本期贷方发生额为 17 900 元，该账户期末余额为（　　）元。
   A. 借方 43 800　　　　　　　　　　B. 借方 27 000
   C. 贷方 43 800　　　　　　　　　　D. 贷方 27 000

6. 对于所有者权益类账户而言，（　　）。
   A. 增加记借方　　　　　　　　　　B. 增加记贷方
   C. 减少记贷方　　　　　　　　　　D. 期末无余额

7. （　　）是复式记账法的理论基础，也是编制资产负债表的依据。
   A. 资产 = 权益
   B. 资产 = 负债 + 所有者权益
   C. 收入 − 费用 = 利润
   D. 资产 = 负债 + 所有者权益 +（收入 − 费用）

8. 基本会计等式是指（　　）。
   A. 资产 = 权益
   B. 资产 = 负债 + 所有者权益
   C. 收入 − 费用 = 利润
   D. 资产 = 负债 + 所有者权益 +（收入 − 费用）

9. 下列各项中,会导致会计等式左右两边同时增加的经济业务是( )。
   A. 从银行提取现金   B. 从银行借入短期借款
   C. 用资本公积转增资本   D. 签发商业汇票支付前欠货款

10. 某企业用盈余公积转增了实收资本,则此业务对会计要素的影响是( )。
    A. 资产增加   B. 所有者权益增加
    C. 负债减少   D. 所有者权益不变

11. 所有者权益是指( )在企业资产中所享有的经济利益。
    A. 国家   B. 企业职工
    C. 厂长、经理   D. 所有者

12. 某汽车制造企业生产的汽车对该企业来说属于( )。
    A. 固定资产   B. 流动资产
    C. 无形资产   D. 其他资产

13. 某企业期初资产总额为 100 万元,期末负债总额比期初少 10 万元,所有者权益总额比期初增加 30 万元,则该企业期末资产总额是( )万元。
    A. 90   B. 100   C. 120   D. 130

14. 下列各项中,不属于非流动负债的是( )。
    A. 长期借款   B. 应付债券
    C. 应付账款   D. 长期应付款

15. 企业在对会计要素进行计量时,一般应当采用( )计量。
    A. 公允价值   B. 可变现净值
    C. 重置成本   D. 历史成本

16. 某企业期初资产总额为 300 万元,本期资产共增加 200 万元,期末所有者权益为 270 万元,则期末负债总额为( )万元。
    A. 270   B. 150   C. 180   D. 230

17. 当一笔经济业务只涉及权益一方有关项目的金额增减变化时,会计基本等式两边的总金额( )。
    A. 不变   B. 同增
    C. 同减   D. 一边增加一边减少

18. 下列各项中,能引起所有者权益总额变化的是( )。
    A. 资本公积转增资本   B. 盈余公积转增资本
    C. 增发新股   D. 向股东支付股利

19. 留存收益包括( )和未分配利润。
    A. 资本公积   B. 盈余公积
    C. 实收资本   D. 营业利润

20. 下列各项中,按会计要素分类,不属于损益类科目的是( )。
    A. 制造费用   B. 管理费用
    C. 财务费用   D. 销售费用

21. 资产、负债、所有者权益是资本运动的（   ）。
    A. 存在形态　　　　　　　　　　　B. 动态表现
    C. 静态表现　　　　　　　　　　　D. 来源渠道
22. 下列各项中，不符合资产要素的定义有（   ）。
    A. 库存商品　　　　　　　　　　　B. 原材料
    C. 待处理财产损失　　　　　　　　D. 委托加工物资
23. 反映企业经营状况的会计要素有（   ）。
    A. 资产、负债及所有者权益　　　　B. 收入
    C. 费用　　　　　　　　　　　　　D. 利润
24. 反映企业经营成果的会计要素有（   ）。
    A. 资产　　　　　　　　　　　　　B. 负债
    C. 所有者权益　　　　　　　　　　D. 收入、费用和利润
25. 下列经济业务发生会引起会计要素中资产和所有者权益同增的是（   ）。
    A. 从银行提取现金备用　　　　　　B. 以存款归还银行借款
    C. 收到投资者投资款　　　　　　　D. 购买材料货款未付
26. 会计的恒等式是（   ）。
    A. 资产 = 负债 + 所有者权益　　　B. 收入 − 费用 = 利润
    C. 资产 − 负债 = 所有者权益　　　D. 资产 = 负债 + 所有者权益 + 利润
27. 下列各项中，不属于负债的有（   ）。
    A. 应付账款　　　　　　　　　　　B. 应付票据
    C. 预收账款　　　　　　　　　　　D. 预付账款
28. 将资本公积转增资本属于（   ）。
    A. 资产和权益同增　　　　　　　　B. 资产和权益同减
    C. 资产内部此增彼减　　　　　　　D. 权益内部此增彼减
29. 收入应当是企业在日常活动中形成的，下列各项中不属于收入的是（   ）。
    A. 主营业务收入　　　　　　　　　B. 其他业务收入
    C. 营业外收入　　　　　　　　　　D. 出租固定资产收入
30. 所有者权益的确认主要依赖于（   ）。
    A. 资产的确认　　　　　　　　　　B. 负债的确认
    C. 资产和负债的确认　　　　　　　D. 收入和费用的确认

二、多项选择题

1. 下列关于会计要素变动的表述中，正确的有（   ）。
    A. 资产增加，费用增加　　　　　　B. 费用增加，负债减少
    C. 费用增加，负债增加　　　　　　D. 费用增加，资产减少
2. 下列各项中，构成企业收入的有（   ）。
    A. 取得罚款收入 400 元　　　　　　B. 销售低值易耗品收入 500 元
    C. 销售商品一批，价款 80 万元　　D. 出租包装物，租金收入 1 000 元

3. 所有者权益是指企业资产扣除负债后由所有者享有的剩余权益，具有（　　）特征。
   A. 所有者凭借所有者权益能够参与企业利润的分配
   B. 企业清算时，只有在清偿所有的负债后，所有者权益才能返还给所有者
   C. 除非发生减资、清算或分派现金股利，否则企业不需要偿还所有者权益
   D. 是所有者对企业资产的剩余索取权
4. 下列不属于企业资产的是（　　）。
   A. 应付账款　　　　　　　　　B. 融资租出的设备
   C. 预付账款　　　　　　　　　D. 经营性租入的固定资产
5. 下列各项中，能引起资产和权益同时减少的业务有（　　）。
   A. 交纳税款　　　　　　　　　B. 以银行存款归还到期的短期借款
   C. 以银行存款支付应付账款　　D. 资本公积转增资本
6. 下列各项中，属于流动资产的是（　　）。
   A. 原材料　　　　　　　　　　B. 固定资产
   C. 专利权　　　　　　　　　　D. 预付账款
7. 下列各项中，属于损益类科目的有（　　）。
   A. 制造费用　　　　　　　　　B. 管理费用
   C. 销售费用　　　　　　　　　D. 财务费用
8. 企业的负债可以用（　　）来偿还。
   A. 库存商品　　　　　　　　　B. 提供劳务
   C. 货币资金　　　　　　　　　D. 举借新债
9. 下列项目中，属于负债要素的特点有（　　）。
   A. 由过去的交易或事项形成
   B. 是企业的现时义务
   C. 履行该义务会导致企业经济利益的流出
   D. 履行该义务预期不会导致经济利益的流出
10. 收入主要由销售商品、提供劳务和让渡资产使用权所产生，具体表现为（　　）。
    A. 资产的增加　　　　　　　　B. 费用的减少
    C. 负债的减少　　　　　　　　D. 负债的增加
11. 下列各项中，属于长期负债的有（　　）。
    A. 应付债券　　　　　　　　　B. 长期借款
    C. 长期应付款　　　　　　　　D. 预收账款
12. 若某项经济业务引起银行存款减少，则相应地可能引起（　　）。
    A. 短期借款增加　　　　　　　B. 固定资产增加
    C. 应付账款减少　　　　　　　D. 预付账款增加
13. 下列要素中，能够引起资产总额变动的有（　　）。
    A. 从银行提取现金　　　　　　B. 购买原材料款未付
    C. 收到投资人投入的设备　　　D. 向银行借入货币资金

14. 会计要素按其所反应的经济内容不同，分为（　　）。
    A. 资产　　　　　　　　　　　　B. 负债及所有者权益
    C. 收入、费用　　　　　　　　　D. 利润

15. 资产的确认必须同时符合的条件是（　　）。
    A. 与该资源有关的经济利益很可能流入企业
    B. 资产预期会给企业带来经济利益
    C. 该资源的成本或者价值能够可靠地计量
    D. 资产为企业拥有或控制

16. 下列各项中，属于资产的有（　　）。
    A. 应收账款　　　　　　　　　　B. 应收票据
    C. 预收账款　　　　　　　　　　D. 预付账款

17. 反映企业经营成果的会计要素有（　　）。
    A. 资产、负债及所有者权益　　　B. 收入
    C. 费用　　　　　　　　　　　　D. 利润

18. 所有者权益的来源构成主要包括（　　）。
    A. 实收资本　　　　　　　　　　B. 资本公积
    C. 盈余公积　　　　　　　　　　D. 未分配利润

19. 会计的计量属性一般包括（　　）。
    A. 历史成本　　　　　　　　　　B. 重置成本
    C. 可变现净值　　　　　　　　　D. 现值和公允价值

20. 留存收益主要包括（　　）。
    A. 盈余公积　　　　　　　　　　B. 未分配利润
    C. 本年利润　　　　　　　　　　D. 资本公积

21. 经济业务变化的类型包括（　　）。
    A. 资产和权益同增　　　　　　　B. 资产和权益同减
    C. 资产内部此增彼减　　　　　　D. 权益内部此增彼减

22. 会计恒等式是（　　）的理论基础。
    A. 设置会计科目　　　　　　　　B. 复式记账
    C. 编制资产负债表　　　　　　　D. 平行登记

23. 资产按其流动性可分为（　　）。
    A. 流动资产　　　　　　　　　　B. 非流动资产
    C. 长期股权投资　　　　　　　　D. 固定资产

24. 企业的期间费用包括（　　）。
    A. 管理费用　　　　　　　　　　B. 销售费用
    C. 财务费用　　　　　　　　　　D. 制造费用

三、判断题

1. 资产、负债和利润三要素，表现为企业的资金运动相对静止状态。（　　）

2. 收入是从企业日常活动中产生的，而不是从偶发的交易或事项中产生的。（　　）
3. 所有者权益金额的确定，主要取决于资产和负债的计量。（　　）
4. 营业利润是企业全部经济活动产生的利润。（　　）
5. 负债和所有者权益统称为企业的权益，都对企业的资产拥有要求权，且它们的权利和义务相同。（　　）
6. 对已经确认的资产，如果不能给企业带来经济利益，即不能再确认为企业的资产。（　　）
7. 企业以经营租赁和融资租赁各租入一台设备，均作为企业的固定资产。（　　）
8. 甲企业为一家高科技企业，2016年度发生的研究支出2 000万元，应作为当年的资产入账。（　　）。
9. 可变现净值为企业资产对外销售所能收到的现金或现金等价物。（　　）
10. 一般情况下，对于会计要素的计量，应当采用历史成本计量属性。（　　）
11. 收入是企业在日常活动中形成的，如固定资产出售和出租的收入均可作为企业的收入要素。（　　）
12. 会计恒等式是设置会计科目、复式记账和编制资产负债表的理论依据。（　　）
13. 一项经济业务的发生会引起负债的增加和所有者权益的减少，会计的等式关系没有被破坏。（　　）
14. 无形资产是一种不存在实物形态的资产，如研发支出、商誉等。（　　）
15. 所有者权益增加，资产减少，会计恒等式仍然成立。（　　）

四、练习题

习题一

【目的】练习会计要素的分类。

【资料】某企业有关会计要素的资料见表2–1。

表2–1　　　　　　　　　　会计要素相关资料

项目	资产、费用	负债、所有者权益、收入、利润
存放在保险柜的现金		
存放在银行的款项		
生产车间使用的设备		
存放在仓库的材料		
已完工入库的产品		
应收昌河公司货款		
应付兴隆公司货款		
正在加工中的产品		
国家投入的资本		
从银行取得的借款		

续表

项目	资产、费用	负债、所有者权益、收入、利润
采购员预借差旅费		
尚未交纳的税费		
预收某公司的货款		
支付业务招待费		
销售产品收入		
本月实现的利润		
运输用的卡车		
办公用的计算机		
正在运输途中的材料		

【要求】根据上述资料，进行会计要素的正确分类。

习题二

【目的】练习经济业务发生引起的会计要素的增减变化对会计等式的影响。

【资料】

1. 华泰公司2016年8月，各账户的期初余额见表2-2。

表2-2　　　　　　　　　　　各账户的期初余额

资产	金额	负债及所有者权益	金额
库存现金	800	短期借款	50 000
银行存款	58 000	应付账款	30 000
应收账款	80 000	应付职工薪酬	28 000
其他应收款	1 200	应交税费	17 000
原材料	20 000		
生产成本	40 000	实收资本	190 000
库存商品	15 000	资本公积	30 000
固定资产	150 000	盈余公积	20 000
合计	365 000	合计	365 000

2. 2016年8月，华泰公司发生以下经济业务：

（1）2日，从银行取得9个月的借款50 000元存入银行。

（2）5日，以存款30 000元购入一批材料，已验收入库。

（3）8日，收回兴隆公司货款60 000元存入银行。

（4）10日，生产领用一批材料，价值28 000元。

（5）15日，以存款30 000元偿还前欠江明公司货款。

（6）16日，从银行提取现金2 000元备用。

（7）20日，采购员王某预借差旅费1 500元，以现金支付。

（8）25日，收到国家投资的一台设备，价值50 000元。

（9）26日，以存款20 000元归还到期的3个月的借款。

（10）31日，将多余的现金800元送存银行。

（11）31日，将资本公积20 000元用于转增资本。

（12）31日，从银行取得3个月的借款30 000元，直接归还昌河公司的货款。

（13）31日，以银行存款交纳税费15 000元。

（14）31日，接受捐赠的一台设备，价值30 000元。

【要求】

1. 根据上述资料，逐项分析经济业务的发生对会计要素增减变动的影响。

2. 计算8月末华泰公司的资产、负债及所有者权益的总额，并验证会计恒等式。

习题三

【目的】练习会计要素的划分。

【资料】

项　目	会计要素
应交税费	
主营业务收入	资产
预付账款	负债
预收账款	所有者权益
应收账款	收入
实收资本	费用
其他应收款	利润
本年利润	
主营业务成本	
生产成本	

【要求】用直线连接，表明以上项目应归属的会计要素。

习题参考答案

一、单项选择题

1. A 2. B 3. A 4. A 5. C 6. B 7. B 8. B 9. B 10. D 11. D 12. B 13. C
14. C 15. D 16. D 17. A 18. C 19. B 20. A 21. C 22. C 23. A 24. D 25. C
26. A 27. D 28. D 29. C 30. C

二、多项选择题

1. CD 2. BC 3. AB 4. ABD 5. ABC 6. AD 7. BCD 8. ABCD 9. ABC 10. AC
11. ABC 12. BCD 13. BCD 14. ABCD 15. AC 16. ABD 17. BCD 18. ABCD
19. ABCD 20. AB 21. ABCD 22. ABC 23. AB 24. ABC

三、判断题

1. × 2. × 3. √ 4. × 5. × 6. √ 7. × 8. √ 9. × 10. √ 11. × 12. √ 13. √ 14. × 15. ×

四、练习题

习题一

表2-1　　　　　　　　　　　有关会计要素

项目	资产、费用	负债、所有者权益、收入、利润
存放在保险柜的现金	资产	
存放在银行的款项	资产	
生产车间使用的设备	资产	
存放在仓库的材料	资产	
已完工入库的产品	资产	
应收昌河公司货款	资产	
应付兴隆公司货款		负债
正在加工中的产品	资产	
国家投入的资本		所有者权益
从银行取得的借款		负债
采购员预借差旅费	资产	
尚未交纳的税费		负债
预收某公司的货款		负债
支付业务招待费	费用	
销售产品收入		收入
本月实现的利润		利润
运输用的卡车	资产	
办公用的计算机	资产	
正在运输途中的材料	资产	

习题二

1. 分析：

（1）该项经济业务的发生引起资产中银行存款增加50 000元，同时引起权益中的短期借款增加50 000元，等式两边同时增加，等式成立。

（2）该项经济业务的发生引起资产中银行存款减少30 000元，同时引起另一项资产中的原材料增加30 000元，资产内部此增彼减，等式成立。

（3）该项经济业务的发生引起资产中银行存款增加60 000元，同时引起另一项资产中的应收账款减少60 000元，资产内部此增彼减，等式成立。

（4）该项经济业务的发生引起资产中生产成本增加28 000元，同时引起另一项资产中的原材料减少 28 000 元，资产内部此增彼减，等式成立。

（5）该项经济业务的发生引起资产中银行存款减少 30 000 元，同时引起权益中的应付账款减少 30 000 元，等式两边同时减少，等式成立。

（6）该项经济业务的发生引起资产中银行存款减少 2 000 元，同时引起另一项资产中的库存现金增加 2 000 元，资产内部此增彼减，等式成立。

（7）该项经济业务的发生引起资产中库存现金减少 1 500 元，同时引起另一项资产中的其他应收款增加 1 500 元，资产内部此增彼减，等式成立。

（8）该项经济业务的发生引起资产中固定资产增加 50 000 元，同时引起权益中实收资本增加 50 000 元，等式两边同时增加，等式成立。

（9）该项经济业务的发生引起资产中银行存款减少 20 000 元，同时引起权益中的短期借款减少 20 000 元，等式两边同时减少，等式成立。

（10）该项经济业务的发生引起资产中银行存款增加 800 元，同时引起另一项资产中的库存现金减少 800 元，资产内部此增彼减，等式成立。

（11）该项经济业务的发生引起权益中实收资本增加 20 000 元，同时引起另一项权益中的资本公积减少 20 000 元，权益内部此增彼减，等式成立。

（12）该项经济业务的发生引起权益中短期借款增加 30 000 元，同时引起另一项权益中的应付账款减少 30 000 元，权益内部此增彼减，等式成立。

（13）该项经济业务的发生引起资产中银行存款减少 15 000 元，同时引起权益中的应交税费减少 15 000 元，等式两边同时减少，等式成立。

（14）该项经济业务的发生引起资产中固定资产增加 30 000 元，同时引起权益中资本公积增加 30 000 元，等式两边同时增加，等式成立。

2. 计算 8 月末企业的资产、负债及所有者权益的总额，并验证会计恒等式。

资产 = 365 000 + 50 000 − 30 000 + 50 000 − 20 000 − 15 000 + 30 000 = 430 000（元）

负债 = 125 000 + 50 000 − 30 000 − 20 000 − 15 000 = 110 000（元）

所有者权益 = 240 000 + 50 000 + 30 000 = 320 000（元）

会计恒等式：资产 = 负债 + 所有者权益

习题三

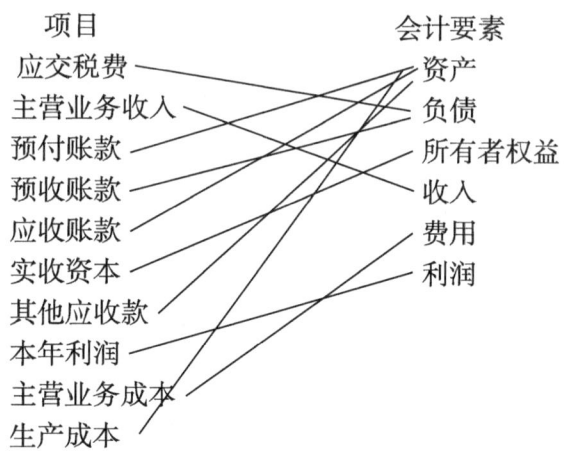

第三章 账户和复式记账

一、单项选择题

1. 对会计要素具体内容进行总括分类、提供总括信息的会计科目称为（　　）。
   A. 备查科目　　　　　　　　B. 总分类科目
   C. 明细分类科目　　　　　　D. 二级科目

2. 账户的对应关系是指采用借贷记账法对每笔交易或事项进行记录时，相关账户之间形成的（　　）的相互关系。
   A. 应借、应贷　　　　　　　B. 应增、应减
   C. 应加、应减　　　　　　　D. 应收、应付

3. 下列会计分录形式中，属于简单会计分录的是（　　）。
   A. 一借一贷　　　　　　　　B. 一借多贷
   C. 一贷多借　　　　　　　　D. 多借多贷

4. 下列关于试算平衡法的表述中，不正确的是（　　）。
   A. 包括发生额试算平衡法和余额试算平衡法
   B. 试算不平衡，表明账户记录肯定有错误
   C. 试算平衡，说明账户记录一定正确
   D. 发生额试算平衡法的理论依据是"有借必有贷、借贷必相等"

5. 下列各项中，属于总分类账户与明细分类账户主要区别的是（　　）。
   A. 记账内容不同　　　　　　B. 记账方向不同
   C. 记账依据不同　　　　　　D. 记录的详细程度不同

6. 企业在不违背会计科目使用原则的基础上，根据企业实际情况，设置本企业持有的会计科目。这种做法符合会计科目设置的（　　）。
   A. 合法性原则　　　　　　　B. 相关性原则
   C. 适用性原则　　　　　　　D. 可靠性原则

7. 对会计要素的具体内容进行分类核算的项目叫（　　）。
   A. 复式记账　　　　　　　　B. 登记账簿
   C. 设置账户　　　　　　　　D. 会计科目

8. 平行登记是指（　　）的登记方法。
   A. 日记账和总账　　　　　　B. 总账和明细账
   C. 日记账和明细账　　　　　D. 总账和备查簿

9. 下列各项中，能通过试算平衡查找的记账错误是（　　）。
   A. 某项经纪业务未入账　　　B. 应借应贷账户中借贷方向颠倒
   C. 应借应贷账户中借贷金额不等　　D. 某项经济业务重复记账

10. 下列各项中，本期增加发生额登记在贷方的是（   ）。
    A. 原材料   B. 固定资产
    C. 生产成本   D. 累计折旧
11. 会计科目是（   ）的名称。
    A. 会计要素   B. 账簿
    C. 账户   D. 会计报表
12. 复式记账的理论依据是（   ）。
    A. 会计职能   B. 会计恒等式
    C. 会计基本假设   D. 会计基础
13. 借贷记账法发生额试算平衡的理论依据是（   ）。
    A. 会计等式   B. 记账规则
    C. 平行登记   D. 资金变化类型
14. 在借贷记账法下，账户的哪一方记增加，哪一方记减少，取决于（   ）。
    A. 账户的性质   B. 账户的用途
    C. 账户的结构   D. 账户的格式
15. 对每个账户来说，期末余额在账户的（   ）。
    A. 只能在借方   B. 只能在贷方
    C. 只能在账户的一方   D. 有时在借方，有时在贷方
16. 在单式记账法下，对发生的经济业务（   ）。
    A. 只在一个账户中进行记录   B. 在两个对应账户中进行记录
    C. 在有关账户中进行记录   D. 不只在一个账户中进行记录
17. 在复式记账法下，对每项经济业务都以相等的金额登记在（   ）。
    A. 两个账户   B. 两个或更多账户
    C. 相互关联的两个账户   D. 相互关联的两个或两个以上账户
18. 资产类账户的借方登记（   ）。
    A. 资产的增加   B. 负债的增加
    C. 收入的增加   D. 成本的减少
19. 一般来说，资产类账户的期末余额应在（   ）。
    A. 账户的借方   B. 账户的贷方
    C. 借方或贷方   D. 没有余额
20. 对收入类账户来说，下列说法正确的是（   ）。
    A. 借方登记收入的减少数或转销数   B. 借方登记所取得的收入
    C. 如有余额，在借方，属于资产   D. 如有余额，在贷方，属于负债
21. 下列账户中，期末结转后无余额的是（   ）。
    A. 资产类账户   B. 负债类账户
    C. 收入类账户   D. 所有者权益类账户
22. 简单分录是指（   ）。
    A. 一借一贷   B. 一借多贷

C. 一贷多借　　　　　　　　　　　D. 多借多贷

23. 发生对应关系的账户，称为（　　）。

    A. 对应账户　　　　　　　　　　B. 平衡账户

    C. 联系账户　　　　　　　　　　D. 恒等账户

24. 对会计要素的具体内容进行分类核算的项目称为（　　）。

    A. 会计对象　　　　　　　　　　B. 会计要素

    C. 会计科目　　　　　　　　　　D. 会计账户

25. 会计科目与账户的主要区别在于（　　）。

    A. 反映的经济内容不同　　　　　B. 记录资产和负债的结构不同

    C. 记录资产和权益的增减不同　　D. 账户有结构，而会计科目无结构

26. 下列会计科目中，不属于所有者权益的科目是（　　）。

    A. 本年利润　　　　　　　　　　B. 利润分配

    C. 实收资本　　　　　　　　　　D. 留存收益

27. "累计折旧"科目属于（　　）。

    A. 资产类科目　　　　　　　　　B. 负债类科目

    C. 成本类科目　　　　　　　　　D. 损益类科目

28. 会计科目按其（　　）不同，分为总账科目和明细科目。

    A. 核算的经济内容　　　　　　　B. 会计要素

    C. 会计对象　　　　　　　　　　D. 核算指标的详简程度

29. 通过试算平衡，全部账户的借贷方发生额相等，则说明账户记录（　　）。

    A. 绝对正确　　　　　　　　　　B. 不一定就没有错误

    C. 肯定有错误　　　　　　　　　D. 不一定就有错误

30. 下列账户中，按用途和结构分类，属于盘存账户的是（　　）。

    A. "库存现金"账户　　　　　　　B. "应收账款"账户

    C. "应付账款"账户　　　　　　　D. "实收资本"账户

31. 下列账户中按经济内容分类，属于成本类账户的是（　　）。

    A. "原材料"账户　　　　　　　　B. "管理费用"账户

    C. "销售费用"账户　　　　　　　D. "制造费用"账户

32. 在供应过程中，用来归集购入材料价款和采购费用，计算材料采购成本的账户是（　　）。

    A. "原材料"账户　　　　　　　　B. "应付账款"账户

    C. "在途物资"账户　　　　　　　D. "材料成本差异"账户

33. 债权结算账户的贷方登记（　　）。

    A. 应收账款的减少　　　　　　　B. 应收账款的增加

    C. 预收账款的增加　　　　　　　D. 预收账款的减少

34. 下列账户中，属于备抵调整账户的是（　　）。

    A. "累计折旧"账户　　　　　　　B. "材料成本差异"账户

    C. "原材料"账户　　　　　　　　D. "固定资产"账户

35. 债务结算账户的借方登记（　　）。
   A. 应付账款的减少　　　　　　　　B. 应付账款的增加
   C. 预付账款的增加　　　　　　　　D. 预付账款的减少
36. 下列账户中，属于集合分配账户的是（　　）。
   A. "在途物资"账户　　　　　　　B. "管理费用"账户
   C. "制造费用"账户　　　　　　　D. "利润分配"账户
37. "累计折旧"账户按用途和结构分类属于（　　）。
   A. 资产类账户　　　　　　　　　　B. 负债类账户
   C. 调整类账户　　　　　　　　　　D. 费用类账户
38. 债权债务结算账户的借方登记（　　）。
   A. 债权的增加　　　　　　　　　　B. 债务的增加
   C. 债权的减少　　　　　　　　　　D. 债务的减少、债权的增加
39. 账户按用途和结构分类，"利润分配"账户属于（　　）。
   A. 财务成果账户　　　　　　　　　B. 集合分配账户
   C. 资产备抵调整账户　　　　　　　D. 权益备抵调整账户
40. 账户按用途和结构分类，下列不属于成本计算的账户是（　　）。
   A. "生产成本"账户　　　　　　　B. "在途物资"账户
   C. "制造费用"账户　　　　　　　D. "在建工程"账户

二、多项选择题

1. 下列关于借贷记账法的说法中，正确的是（　　）。
   A. 以"借"和"贷"为记账符号
   B. 以"资产＝负债＋所用者权益"为记账原理
   C. 以"有借必有贷、借贷必相等"为记账规则
   D. 无论哪种账户，借方表示增加，贷方表示减少
2. 下列各项中，属于企业在设置会计科目时应遵循的原则有（　　）。
   A. 灵活性原则　　　　　　　　　　B. 合法性原则
   C. 相关性原则　　　　　　　　　　D. 实用性原则
3. 下列关于账户的表述中，正确的有（　　）。
   A. 账户具有一定的格式和结构
   B. 账户是根据会计科目设置的
   C. 账户是用于分类反映会计要素增减变动情况及其结果的载体
   D. 账户可根据其核算的经济内容、提供信息的详细程度及其统驭关系进行分类
4. 下列各项中，属于所有者权益类科目的有（　　）。
   A. 实收资本　　　　　　　　　　　B. 盈余公积
   C. 利润分配　　　　　　　　　　　D. 本年利润
5. 会计科目按其反映的经济内容可分为（　　）。
   A. 资产类　　　　　　　　　　　　B. 负债及所有者权益类

C. 共同类　　　　　　　　　　　　　D. 成本类和损益类

6. 账户的一般内容有（　　）。

A. 账户的名称　　　　　　　　　　　B. 日期和摘要

C. 凭证号数　　　　　　　　　　　　D. 增加或减少的金额及余额

7. 在借贷记账法下，借方登记增加的账户有（　　）。

A. 资产类　　　　　　　　　　　　　B. 费用类

C. 成本类　　　　　　　　　　　　　D. 负债及所有者权益类

8. 平行登记的要点是（　　）。

A. 同期登记　　　　　　　　　　　　B. 方向相同

C. 金额相等　　　　　　　　　　　　D. 详简程度相同

9. 每一笔会计分录至少包括（　　）。

A. 借贷方向　　　　　　　　　　　　B. 账户名称

C. 金额　　　　　　　　　　　　　　D. 对应关系

10. 借贷记账法的试算平衡方法有两种，即（　　）。

A. 全部账户借贷方发生额的试算平衡　B. 全部账户借贷方余额试算平衡

C. 会计要素的平衡　　　　　　　　　D. 会计事项的平衡

11. 下列账户中，期末无余额的账户有（　　）。

A. 收入类账户　　　　　　　　　　　B. 费用类账户

C. 资产类账户　　　　　　　　　　　D. 负债类账户

12. 会计科目按其提供指标的详简程度不同可分为（　　）。

A. 总分类科目　　　　　　　　　　　B. 二级科目

C. 明细科目　　　　　　　　　　　　D. 成本及损益类科目

13. 下列账户中，期末可能有贷方余额的有（　　）。

A. 管理费用　　　　　　　　　　　　B. 应付账款

C. 预收账款　　　　　　　　　　　　D. 盈余公积

14. 在借贷记账法下，账户的贷方登记（　　）。

A. 资产的减少　　　　　　　　　　　B. 负债的增加

C. 收入的增加　　　　　　　　　　　D. 所有者权益的增加

15. 下列账户中，属于备抵调整的账户有（　　）。

A. "累计折旧"账户　　　　　　　　　B. "利润分配"账户

C. "坏账准备"账户　　　　　　　　　D. "固定资产减值准备"账户

16. 所谓账户的用途，是指（　　）。

A. 设账的目的　　　　　　　　　　　B. 通过账户记录能提供什么指标

C. 借贷方登记的内容　　　　　　　　D. 期末余额方向及其表示的内容

17. 所谓账户的结构，是指（　　）。

A. 账户的借方登记什么　　　　　　　B. 账户的贷方登记什么

C. 账户期末有无余额，如有，在哪一方　D. 账户的余额表示什么

18. 下列账户期末一般无余额的有（　　）。
    A. 费用类账户   B. 收入类账户
    C. 结算类账户   D. 集合分配账户
19. 下列账户中，属于盘存账户的有（　　）。
    A. 库存现金   B. 银行存款
    C. 原材料   D. 固定资产
20. 下列账户中，属于债权结算的账户有（　　）。
    A. "应收账款"账户   B. "应付账款"账户
    C. "预付账款"账户   D. "预收账款"账户
21. 按调整方式的不同，调整账户分为（　　）。
    A. 备抵调整账户   B. 附加调整账户
    C. 备抵附加调整账户   D. 资产权益调整账户
22. 下列账户中，属于成本计算账户的有（　　）。
    A. "生产成本"账户   B. "制造费用"账户
    C. "在建工程"账户   D. "材料采购"账户
23. 下列账户中，属于资产负债结算账户的有（　　）。
    A. "应收账款"账户   B. "应付账款"账户
    C. "预收账款"账户   D. "预付账款"账户
24. 账户的分类标志主要有（　　）。
    A. 账户的经济内容   B. 账户的名称
    C. 账户的结构   D. 账户的用途和结构

三、判断题

1. 根据《企业会计准则》的规定，所有企业都必须使用借贷记账法。（　　）
2. 会计科目和账户是指同一个概念，两者并无区别。（　　）
3. 账户的余额总是在增加的一方。（　　）
4. 一般而言，收入类账户结构与权益类账户结构相同，即借方登记增加数，贷方登记减少数。（　　）
5. 借贷记账法以"借""贷"作为记账符号，"借"表示债权，"贷"表示债务。（　　）
6. 借贷记账法的记账规则是"有借必有贷，借贷必相等"。（　　）
7. 只要实现了期初余额、本期发生额和期末余额三栏的平衡关系，就说明账户记录正确。（　　）
8. 一般而言，费用类账户的结构与资产类账户的结构相同，其借方登记增加数，贷方登记减少数，余额一定在借方。（　　）
9. 总分类账户与其所属的明细分类账户的本期发生额之和、余额之和一定相等。（　　）
10. 复式记账法的理论依据是会计恒等式。（　　）
11. 在资产结算账户中，借方登记债权的增加数，贷方登记债权的减少数；期末余额

在借方，表示期末尚未收回的债权数额。（　　）

12. 备抵附加调整账户既是备抵调整账户，又是附加调整账户。（　　）
13. 损益类账户的期末余额可能在借方，也可能在贷方。（　　）
14. 账户按用途和结构分类是按经济内容分类的基础。（　　）
15. "短期借款"属于盘存账户。（　　）
16. 备抵调整账户与其被调整的账户，性质相同，记账方向一致。（　　）
17. "材料采购"和"固定资产清理"账户均属于计价对比账户。（　　）
18. 附加调整账户与其被调整的账户，性质相同，记账方向相反。（　　）
19. 集合分配账户期末一定无余额。（　　）
20. 账户按用途和结构分类，就是在账户按经济内容分类的基础上，对用途和结构基本相同的账户进行的归类。（　　）

四、练习题

习题一

【目的】练习会计科目的分类。

【资料】华泰公司2016年8月31日的有关资料见表3－1。

表3－1　　　　　　　　　　有关资料

资料内容	资产类	负债类	所有者权益类	成本类	损益类	会计科目
存放在银行的款项						
存放在保险柜的款项						
从银行取得为期3个月的借款						
应收兴隆公司销货款						
应付昌河公司购货款						
预收江明公司货款						
应付职工工资						
应交税费						
职工预借差旅费						
库存已完工的产品						
库存材料						
正在加工中的产品						
生产车间的机器设备						
购入的专利权						
接受投资者投入的资本金						
产品对外销售						
业务招待费						
1—8月实现的利润						
接受捐赠						

【要求】根据资料内容,填写会计科目的名称并将"√"填入相应的空格内。

习题二

【目的】练习通过账户的对应关系了解经济业务的内容。

【资料】兴隆公司 2016 年 8 月部分账户的登记如下:

库存现金
期初余额 4 000
(1) 2 000   (5) 3 000

银行存款
期初余额 10 000
(6) 60 000   (1) 2 000
              (3) 50 000
              (7) 20 000
              (8) 40 000

应收账款
期初余额 60 000
              (6) 60 000

原材料
期初余额 20 000
(2) 50 000
(7) 20 000

其他应收款
期初余额 2 000
(5) 3 000

固定资产
期初余额 60 000
(3) 50 000

短期借款
(8) 40 000   期初余额 80 000
              (4) 50 000

应付账款
(4) 50 000   期初余额 80 000
              (2) 50 000

图 3-1 兴隆公司 2016 年 8 月部分账户

【要求】根据账户的对应关系,用文字表述上述账户中登记的经济业务内容,并编制相应的会计分录。

习题三

【目的】练习总分类账户和明细分类账户的平行登记。

【资料】华泰公司 2016 年 9 月有关账户的期初余额如下:

(1)"应付账款"账户 68 000 元,

其中 兴隆公司 42 000 元
      昌河公司 26 000 元

(2)"原材料"账户 45 000 元,

其中　甲材料　2 000 千克　单价 13 元　计 26 000 元
　　　乙材料　1 000 千克　单价 19 元　计 19 000 元

该企业 2016 年 9 月发生以下经济业务：

（1）5 日，以银行存款偿还前欠兴隆公司货款 25 000 元、昌河公司货款 15 000 元。

（2）10 日，从兴隆公司购进甲材料 1 000 千克，单价 13 元，计 13 000 元；从昌河公司购进乙材料 500 千克，单价 19 元，计 9 500 元；共计 22 500 元，货款未付。

（3）20 日，以存款支付前欠兴隆公司货款 18 000 元、昌河公司货款 12 000 元。

（4）30 日，生产产品领用甲材料 1 000 千克，单价 13 元，计 13 000 元；领用乙材料 500 千克，单价 19 元，计 9 500 元。

【要求】

1. 根据资料开设"原材料""应付账款"总账和明细分类账，并登记期初余额。

2. 根据以上经济业务编制会计分录，并逐笔登记总账和明细账。

3. 结出各账户的本期发生额和期末余额；编制"原材料"和"应付账款"总账和明细账本期发生额和余额对照表，并进行核对。

习题四

【目的】练习账户的分类。

【资料】

1. 按经济内容对账户进行分类。

账户名称	账户按经济内容分类
长期待摊费用	资产类
固定资产	负债类
累计折旧	所有者权益类
本年利润	成本类
制造费用	损益类
应付账款	
管理费用	

2. 按结账和用途对账户进行分类。

账户名称	账户按用途和结构分类
长期待摊费用	盘存账户
累计折旧	调整账户
本年利润	跨期摊配账户
制造费用	集合分配账户
固定资产	结算账户
应付账款	财务成果账户

【要求】用直线连接，表明账户应归属的类别。

习题五

【目的】练习调整账户的应用。

【资料】2016 年 7 月初，华泰公司"固定资产"账户的借方余额为 150 000 元，"累计折旧"账户的贷方余额为 42 000 元。

【要求】

1. 计算固定资产的净值。
2. 说明两个账户之间的关系。

习题六

【目的】练习调整账户的应用。

【资料】某企业原材料按计划成本计价,"原材料"账户的期末余额为 78 000 元,"材料成本差异"账户的期末贷方余额为 1 450 元。

【要求】

1. 计算材料的实际成本。
2. 说明两个账户之间的关系。
3. 如果"材料成本差异"账户期末为借方余额 850 元,则材料的实际成本是多少?两个账户之间的关系如何?

五、实训题

【目的】练习借贷记账法下会计分录的编制、登记账户和试算平衡表的编制。

【资料】华泰公司 2016 年 6 月 30 日有关账户的余额见表 3-2。

表 3-2　　　　　　　　　　有关账户的余额

资产	金额	负债及所有者权益	金额
库存现金	2 000	短期借款	60 000
银行存款	240 000	应付账款	45 000
应收账款	100 000	应交税费	30 000
其他应收款	3 000	长期借款	200 000
原材料	200 000	实收资本	500 000
生产成本	90 000	资本公积	100 000
固定资产	300 000		
合计	935 000	合计	935 000

2016 年 7 月,华泰公司发生以下经济业务:

(1) 购入材料一批,价值 30 000 元,材料验收入库,货款尚未支付;
(2) 收到兴隆公司投资的一台设备,估价 80 000 元;
(3) 收到昌河公司前欠货款 40 000 元,存入银行;
(4) 从银行提取现金 3 000 元备用;
(5) 生产产品领用一批材料,价值 150 000 元;
(6) 从银行借入 3 个月的借款 50 000 元存入银行;
(7) 以存款 30 000 元归还到期的 9 个月的借款;
(8) 采购员王某预借差旅费 2 000 元,以现金支付;

(9) 以存款 30 000 元归还前欠和谐公司货款;

(10) 以存款 30 000 元交纳上月的税金;

(11) 以资本公积 60 000 元转增资本;

(12) 将多余现金 1 000 元送存银行;

(13) 收到利民公司前欠货款 30 000 元,存入银行;

(14) 以存款 100 000 元归还到期的长期借款。

【要求】

1. 根据以上资料开设"T"型账户,并登记期初余额。

2. 根据以上经济业务编制会计分录,并登记"T"型账户,结出各账户的本期发生额和期末余额。

3. 根据各账户的本期发生额和期末余额编制试算平衡表。

习题参考答案

一、单项选择题

1. B　2. A　3. A　4. C　5. D　6. C　7. D　8. B　9. C　10. D　11. C　12. B　13. B
14. A　15. D　16. A　17. D　18. A　19. A　20. A　21. C　22. A　23. A　24. C　25. D
26. D　27. A　28. D　29. B　30. A　31. D　32. C　33. A　34. A　35. A　36. C　37. C
38. D　39. D　40. C

二、多项选择题

1. ABC　2. BCD　3. ABCD　4. ABCD　5. ABCD　6. ABCD　7. ABC　8. ABC　9. ABC
10. AB　11. AB　12. ABC　13. BCD　14. ABCD　15. ABCD　16. AB　17. ABCD　18. ABD
19. ABCD　20. AC　21. ABC　22. ACD　23. ABCD　24. AD

三、判断题

1. √　2. ×　3. ×　4. ×　5. ×　6. √　7. ×　8. ×　9. √　10. √　11. √　12. √
13. ×　14. ×　15. ×　16. ×　17. √　18. ×　19. ×　20. √

四、练习题

习题一

表 3-1　　　　　　　　　　　　　　有关资料

资料内容	资产类	负债类	所有者权益类	成本类	损益类	会计科目
存放在银行的款项	√					银行存款
存放在保险柜的款项	√					库存现金
从银行取得为期 3 个月的借款		√				短期借款

续表

资料内容	资产类	负债类	所有者权益类	成本类	损益类	会计科目
应收兴隆公司销货款	√					应收账款
应付昌河公司购货款		√				应付账款
预收江明公司货款		√				预收账款
应付职工工资		√				应付职工薪酬
应交税费		√				应交税费
职工预借差旅费	√					其他应收款
库存已完工的产品	√					库存商品
库存材料	√					原材料
正在加工中的产品				√		生产成本
生产车间的机器设备	√					固定资产
购入的专利权	√					无形资产
接受投资者投入的资本金			√			实收资本
产品对外销售					√	主营业务收入
业务招待费					√	管理费用
1—8月实现的利润			√			本年利润
接受捐赠			√			资本公积

习题二

业务内容：

（1）从银行提取现金2 000元备用；

（2）购进材料50 000元入库，款未付；

（3）购进一台设备，价值50 000元，以存款支付；

（4）从银行取得短期借款50 000元，支付前欠货款；

（5）采购员预借差旅费3 000元，以现金支付；

（6）收回前欠货款60 000元，存入银行；

（7）以存款支付购进材料20 000元，材料验收入库；

（8）以存款40 000元归还到期的短期借款。

会计分录：

（1）借：库存现金　　　　　　　　　　　　　　　2 000
　　　贷：银行存款　　　　　　　　　　　　　　　　　　2 000

（2）借：原材料　　　　　　　　　　　　　　　　50 000
　　　贷：应付账款　　　　　　　　　　　　　　　　　　50 000

（3）借：固定资产　　　　　　　　　　　　　　　50 000
　　　贷：银行存款　　　　　　　　　　　　　　　　　　50 000

（4）借：应付账款　　　　　　　　　　　　　　　50 000

       贷：短期借款　　　　　　　　　　　　　　　　　　　　　50 000
（5）借：其他应收款　　　　　　　　　　　　　　　　　　　　3 000
       贷：库存现金　　　　　　　　　　　　　　　　　　　　　3 000
（6）借：银行存款　　　　　　　　　　　　　　　　　　　　　60 000
       贷：应收账款　　　　　　　　　　　　　　　　　　　　　60 000
（7）借：原材料　　　　　　　　　　　　　　　　　　　　　　20 000
       贷：银行存款　　　　　　　　　　　　　　　　　　　　　20 000
（8）借：短期借款　　　　　　　　　　　　　　　　　　　　　40 000
       贷：银行存款　　　　　　　　　　　　　　　　　　　　　40 000

习题三

1. 会计分录：
（1）借：应付账款——兴隆公司　　　　　　　　　　　　　　25 000
            ——昌河公司　　　　　　　　　　　　　　　　　15 000
       贷：银行存款　　　　　　　　　　　　　　　　　　　　　40 000
（2）借：原材料——甲材料　　　　　　　　　　　　　　　　　13 000
            ——乙材料　　　　　　　　　　　　　　　　　　　9 500
       贷：应付账款——兴隆公司　　　　　　　　　　　　　　13 000
                ——昌河公司　　　　　　　　　　　　　　　　9 500
（3）借：应付账款——兴隆公司　　　　　　　　　　　　　　18 000
            ——昌河公司　　　　　　　　　　　　　　　　　12 000
       贷：银行存款　　　　　　　　　　　　　　　　　　　　　30 000
（4）借：生产成本　　　　　　　　　　　　　　　　　　　　　22 500
       贷：原材料——甲材料　　　　　　　　　　　　　　　　13 000
            ——乙材料　　　　　　　　　　　　　　　　　　　9 500

2. 登记"原材料"和"应收账款"总账及所属明细账如下：

原材料	
期初余额 45 000	
（2）22 500	（4）22 500
本期发生额 22 500	本期发生额 22 500
期末余额 45 000	

原材料——甲材料	
期初余额 26 000	
（2）13 000	（4）13 000
本期发生额 13 000	本期发生额 13 000
期末余额 26 000	

原材料——乙材料	
期初余额 19 000	
（2）9 500	（4）9 500
本期发生额 9 500	本期发生额 9 500
期末余额 19 000	

应付账款	
	期初余额 68 000
（1）40 000	（2）22 500
（3）30 000	
本期发生额 70 000	本期发生额 22 500
	期末余额 20 500

应付账款——昌河公司	
	期初余额 26 000
(1) 15 000	(2) 9 500
(3) 12 000	
本期发生额 27 000	本期发生额 9 500
	期末余额 8 500

应付账款——兴隆公司	
	期初余额 42 000
(1) 25 000	(2) 13 000
(3) 18 000	
本期发生额 43 000	本期发生额 13 000
	期末余额 12 000

3. 编制"原材料"和"应付账款"总账和所属明细账的发生额及余额对照表。

原材料本期发生额及余额对照表
201×年9月

明细账户	计量单位	单价	期初余额		本期发生额				期末余额	
					收入		发出			
			数量	金额	数量	金额	数量	金额	数量	金额
甲材料	千克	13	2 000	26 000	1 000	13 000	1 000	13 000	2 000	26 000
乙材料	千克	19	1 000	19 000	500	9 500	500	9 500	1 000	19 000
合计				45 000		22 500		22 500		45 000

应付账款本期发生额及余额对照表
201×年9月

明细账户	期初余额	本期发生额		期末余额
		借方	贷方	
兴隆公司	42 000	43 000	13 000	12 000
昌河公司	26 000	27 000	9 500	8 500
合计	68 000	70 000	22 500	20 500

习题四

【目的】练习账户的分类

【资料】

1. 按经济内容对账户进行分类。

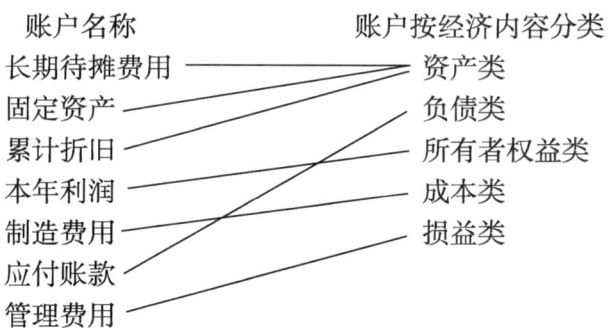

2. 按结账和用途对账户进行分类。

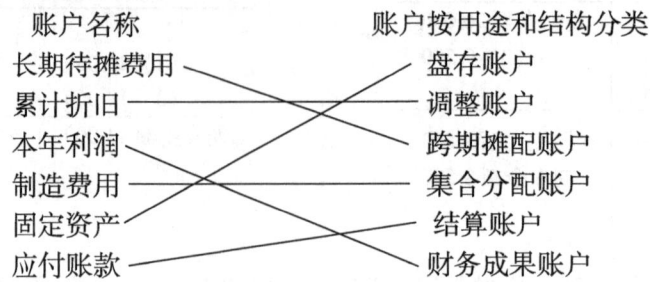

习题五

1. 固定资产净值 = 150 000 – 42 000 = 108 000（元）

2. 两者之间为调整与被调整关系，"固定资产"为被调整账户，"累计折旧"为调整抵减账户。

习题六

1. 实际成本 = 78 000 – 1 450 = 76 550（元）

2. 两者之间为调整与被调整关系，"原材料"为被调整账户，"材料成本差异"为调整抵减账户。

3. 实际成本 = 78 000 + 850 = 78 850（元）

两者之间为调整与被调整关系，"原材料"为被调整账户，"材料成本差异"为调整附加账户。

五、实训题

1. 会计分录：

（1）借：原材料	30 000	
贷：应付账款		30 000
（2）借：固定资产	80 000	
贷：实收资本		80 000
（3）借：银行存款	40 000	
贷：应收账款		40 000
（4）借：库存现金	3 000	
贷：银行存款		3 000
（5）借：生产成本	150 000	
贷：原材料		150 000
（6）借：银行存款	3 000	
贷：短期借款		3 000
（7）借：短期借款	30 000	
贷：银行存款		30 000
（8）借：其他应收款	2 000	
贷：库存现金		2 000
（9）借：应付账款	30 000	
贷：银行存款		30 000

（10）借：应交税费　　　　　　　　　　　　　　　　30 000
　　　　贷：银行存款　　　　　　　　　　　　　　　　　　　30 000
（11）借：资本公积　　　　　　　　　　　　　　　　60 000
　　　　贷：实收资本　　　　　　　　　　　　　　　　　　　60 000
（12）借：银行存款　　　　　　　　　　　　　　　　 1 000
　　　　贷：库存现金　　　　　　　　　　　　　　　　　　　 1 000
（13）借：银行存款　　　　　　　　　　　　　　　　30 000
　　　　贷：应收账款　　　　　　　　　　　　　　　　　　　30 000
（14）借：长期借款　　　　　　　　　　　　　　　　30 000
　　　　贷：银行存款　　　　　　　　　　　　　　　　　　　30 000

2. 登记"T"型账户。

库存现金	
期初余额 2 000	
（4）3 000	（8）2 000
	（12）1 000
本期发生额 3 000	本期发生额 3 000
期末余额 2 000	

银行存款	
期初余额 240 000	
（3）40 000	（4）3 000
（6）50 000	（7）30 000
（12）1 000	（9）30 000
（13）3 000	（10）30 000
	（14）10 000
本期发生额 121 000	本期发生额 193 000
期末余额 168 000	

应收账款	
期初余额 100 000	
	（3）40 000
	（13）30 000
本期发生额	本期发生额 70 000
期末余额 30 000	

其他应收款	
期初余额 3 000	
（8）2 000	
本期发生额 2 000	本期发生额
期末余额 5 000	

原材料	
期初余额 200 000	
（1）30 000	（3）150 000
本期发生额 30 000	本期发生额 150 000
期末余额 80 000	

生产成本	
期初余额 90 000	
（8）150 000	
本期发生额 150 000	本期发生额
期末余额 240 000	

固定资产	
期初余额 300 000	
（2）80 000	
本期发生额 80 000	本期发生额
期末余额 110 000	

短期借款	
	期初余额 60 000
（8）30 000	（8）50 000
本期发生额 30 000	本期发生额 50 000
	期末余额 80 000

应付账款	
(9) 30 000	期初余额 45 000 (1) 30 000
本期发生额 30 000	本期发生额 30 000

应交税费	
(10) 30 000	期初余额 30 000
本期发生额 30 000 期末余额 45 000	本期发生额 30 000 期末余额 0

长期借款	
(14) 100 000	期初余额 200 000
本期发生额 100 000	本期发生额

实收资本	
	期初余额 500 000 (2) 80 000 (11) 60 000
本期发生额 期末余额 10 000	本期发生额 140 000 期末余额 640 000

资本公积	
(14) 60 000	期初余额 100 000
本期发生额 60 000	本期发生额 期末余额 40 000

3. 编制试算平衡调节表。

试算平衡表
201×年7月31日　　　　　　　　　　　　　　　　　　　单位：元

账户名称	期初余额		本期发生额		期末余额	
库存现金	2 000		3 000	3 000	2 000	
银行存款	240 000		121 000	193 000	168 000	
应收账款	100 000			70 000	30 000	
其他应收款	3 000		2 000		5 000	
原材料	200 000		30 000	150 000	80 000	
生产成本	90 000		150 000		240 000	
固定资产	300 000		80 000		380 000	
短期借款		60 000	30 000	50 000		80 000
应付账款		45 000	30 000	30 000		45 000
应交税费		30 000	30 000			0
长期借款		200 000	100 000			100 000
实收资本		500 000		140 000		640 000
资本公积		100 000		60 000		40 000
合计	935 000	935 000	636 000	636 000	905 000	905 000

第四章 账户和复式记账法的应用

一、单项选择题

1. 投资者实际投入企业的资本金额大于其应出资额的部分,应计入（　　）。
   A. 实收资本　　　　　　　　　　B. 资本公积
   C. 盈余公积　　　　　　　　　　D. 营业外收入

2. 购入材料发生的合理损耗应当（　　）。
   A. 计入材料成本　　　　　　　　B. 计入其他应收款
   C. 计入营业外支出　　　　　　　D. 计入管理费用

3. 下列采购费用中,应计入一般纳税人外购材料采购成本的是（　　）。
   A. 增值税进项税额　　　　　　　B. 运输途中的合理损耗
   C. 采购人员的差旅费　　　　　　D. 入库后的挑选整理费

4. 企业计算应交企业所得税时,应借记的账户是（　　）。
   A. "利润分配"　　　　　　　　　B. "所得税费用"
   C. "应交税费"　　　　　　　　　D. "营业税金及附加"

5. 下列各项中,应计入"制造费用"账户的是（　　）。
   A. 生产产品耗用的材料　　　　　B. 机器设备的折旧费
   C. 生产工人的工资　　　　　　　D. 行政管理人员的工资

6. 下列项目中,属于营业外收入的有（　　）。
   A. 产品销售的收入　　　　　　　B. 出售废料收入
   C. 固定资产处置收益　　　　　　D. 出租固定资产的收入

7. 下列经济业务发生时,能使资产和权益项目同时增加的是（　　）。
   A. 生产产品领用材料　　　　　　B. 以现金发放工资
   C. 以资本公积转增资本金　　　　D. 收到购货单位预付款并存入银行

8. 下列属于债权类账户的是（　　）。
   A. 应收账款　　　　　　　　　　B. 销售费用
   C. 预收账款　　　　　　　　　　D. 盈余公积

9. "生产成本"账户的期末借方余额表示（　　）。
   A. 完工产品成本　　　　　　　　B. 已销售产品成本
   C. 本月生产成本合计　　　　　　D. 期末在产品成本

10. 年末结转后,"利润分配"账户的贷方余额表示（　　）。
    A. 利润实现额　　　　　　　　　B. 利润分配额
    C. 未分配利润　　　　　　　　　D. 未弥补亏损

11. 期末"制造费用"账户余额应转入（　　）。
    A. "管理费用"账户　　　　　　　　B. "生产成本"账户
    C. "销售费用"账户　　　　　　　　D. "财务费用"账户

12. 某企业只生产和销售甲产品，2016年4月1日期初在产品成本为3.5万元。4月发生以下费用：领用材料6万元，生产工人工资2万元，制造费用1万元，行政管理部门物料消耗1.5万元，专设销售机构固定资产折旧费0.8万元。月末在产品成本为3万元。该企业4月完工甲产品的生产成本为（　　）元。
    A. 9　　　　B. 9.5　　　　C. 8.3　　　　D. 11.8

13. 用来反映车间为组织和管理生产而发生的费用的账户是（　　）。
    A. 财务费用　　　　　　　　　　　B. 制造费用
    C. 销售费用　　　　　　　　　　　D. 管理费用

14. 企业计提的养老保险和失业保险应计入的贷方账户是（　　）。
    A. 应付职工薪酬——离职后福利　　B. 管理费用
    C. 销售费用　　　　　　　　　　　D. 其他业务支出

15. 确定企业财务成果的账户是（　　）。
    A. 利润分配　　　　　　　　　　　B. 本年利润
    C. 预收账款　　　　　　　　　　　D. 主营业务收入

16. 某企业生产甲、乙两种产品，2010年12月共发生生产工人工资70 000元，福利费10 000元。上述人工费按生产工时比例在甲、乙产品间分配，其中甲产品的生产工时为1 200小时，乙产品的生产工时为800小时。该企业生产甲产品应分配的人工费为（　　）元。
    A. 28 000　　　　B. 32 000　　　　C. 42 000　　　　D. 48 000

17. 企业收到的罚款应作为（　　）。
    A. 主营业务收入　　　　　　　　　B. 其他业务收入
    C. 营业外收入　　　　　　　　　　D. 管理费用

18. 职工出差预借款时，应借记的科目是（　　）。
    A. 预付账款　　　　　　　　　　　B. 应收账款
    C. 管理费用　　　　　　　　　　　D. 其他应收款

19. 结转完工产品成本的正确分录是（　　）。
    A. 借：生产成本　　　　　　　　　B. 借：原材料
    　　贷：制造费用　　　　　　　　　　　贷：生产成本
    C. 借：库存商品　　　　　　　　　D. 借：生产成本
    　　贷：生产成本　　　　　　　　　　　贷：库存商品

20. 甲公司为增值税一般纳税人，于2016年5月3日购进一台不需要安装的生产设备，收到的增值税专用发票上注明的设备价款为3 000万元，增值税额为510万元，款项已支付；支付保险费15万元，装卸费5万元。当日，该设备投入使用。假定不考虑其他因素，甲公司该设备的初始入账价值为（　　）万元。
    A. 3 000　　　　B. 3 020　　　　C. 3 510　　　　D. 3 530

21. "应收账款"应当按照（　　）设置明细账。
   A. 销货单位　　　　　　　　　　B. 销售金额
   C. 销售数量及金额　　　　　　　D. 购货单位

22. 确实无法支付的"应付账款"，报经批准后计入（　　）。
   A. 营业外收入　　　　　　　　　B. 管理费用
   C. 其他业务收入　　　　　　　　D. 资本公积

23. 企业本期营业利润为100万元，资产减值损失为15万元，公允价值变动收益为30万元，营业外收入为20万元，营业外支出为10万元。所得税税率为25%。假定不考虑其他因素，该企业本期净利润为（　　）万元。
   A. 82.5　　　　　　　　　　　　B. 75
   C. 93.75　　　　　　　　　　　 D. 110

24. 车间发生的修理费应计入（　　）账户。
   A. 财务费用　　　　　　　　　　B. 制造费用
   C. 销售费用　　　　　　　　　　D. 管理费用

25. 下列"利润分配"明细账户年末有余额的账户是（　　）。
   A. 利润分配——未分配利润　　　B. 利润分配——提取盈余公积
   C. 利润分配——应付股利/应付利润　D. 利润分配——盈余公积补亏

二、多项选择题

1. 期间费用一般包括（　　）。
   A. 财务费用　　　　　　　　　　B. 管理费用
   C. 制造费用　　　　　　　　　　D. 销售费用
   E. 长期待摊费用

2. 下列费用中，应计入产品成本的有（　　）。
   A. 直接材料费　　　　　　　　　B. 直接人工费
   C. 期间费用　　　　　　　　　　D. 制造费用

3. 下列构成外购存货入账价值的有（　　）。
   A. 买价　　　　　　　　　　　　B. 运输途中的合理损耗
   C. 入库前挑选整理费　　　　　　D. 增值税

4. 原材料账户可按材料的（　　）进行明细核算。
   A. 保管地点　　　　　　　　　　B. 类别
   C. 品种　　　　　　　　　　　　D. 规格

5. "应交税费——应交增值税"项目下，还应当设置（　　）专栏进行明细核算。
   A. 进项税额　　　　　　　　　　B. 进项税额转出
   C. 已交税金　　　　　　　　　　D. 销项税额

6. 在采用实际成本核算方式下，结转发出存货的方法主要有（　　）。
   A. 先进先出法　　　　　　　　　B. 后进先出法
   C. 移动加权平均法　　　　　　　D. 个别计价法

7. 企业计提应付职工薪酬时,可能借记的科目有（　　）。
   A. 生产成本　　　　　　　　　　B. 制造费用
   C. 在建工程　　　　　　　　　　D. 销售费用
8. 企业计提长期借款利息时,可能借记的科目有（　　）。
   A. 在建工程　　　　　　　　　　B. 制造费用
   C. 财务费用　　　　　　　　　　D. 管理费用
9. 下列各项中,属于留存收益的是（　　）。
   A. 资本公积　　　　　　　　　　B. 实收资本
   C. 盈余公积　　　　　　　　　　D. 未分配利润
10. 下列属于确认商品销售收入条件的是（　　）。
    A. 企业已将商品所有权上的主要风险和报酬转移给购货方
    B. 相关的经济利益很可能流入企业
    C. 收入的金额能够可靠地计量
    D. 相关的已发生或将发生的成本能够可靠地计量
11. 属于"其他业务收入"科目核算内容的有（　　）。
    A. 销售商品的收入　　　　　　　B. 销售原材料的收入
    C. 出租固定资产的收入　　　　　D. 出租包装物的收入
12. 下列属于"利润分配"科目明细科目的有（　　）。
    A. 未分配利润　　　　　　　　　B. 提取法定盈余公积
    C. 应付现金股利或利润　　　　　D. 提取资本公积
13. 损益类科目结转本年利润的方法主要有（　　）。
    A. 账结法　　　　　　　　　　　B. 分步法
    C. 表结法　　　　　　　　　　　D. 综合法
14. "利润分配"账户年末余额表示（　　）。
    A. 已分配的利润额　　　　　　　B. 未分配的利润额
    C. 未弥补的亏损额　　　　　　　D. 已实现的净利润
15. "本年利润"账户的期末贷方余额表示（　　）。
    A. 实现的利润总额
    B. 实现的净利润额
    C. 截至本期本年累计实现的利润总额
    D. 截至本期本年累计实现的净利润额
16. 下列项目中,属于管理费用的有（　　）。
    A. 厂部管理人员工资　　　　　　B. 车间管理人员工资
    C. 厂部耗用材料　　　　　　　　D. 厂部办公用房的租金
17. 不与"主营业务成本"的借方账户相对应的账户是（　　）。
    A. 材料采购　　　　　　　　　　B. 库存商品
    C. 原材料　　　　　　　　　　　D. 应交税费

18. 与"材料采购"账户的借方发生对应关系的账户一般有（　　）。
   A. 银行存款　　　　　　　　　　　B. 预收账款
   C. 预付账款　　　　　　　　　　　D. 应付账款

19. "材料采购"账户的结构特点是（　　）。
   A. 借方登记购入材料的买价和采购费用
   B. 贷方登记已验收入库材料的实际成本
   C. 期末借方余额可表示款已付、尚未运达企业的在途材料
   D. 期末借方余额可表示款已付、已运达企业但尚未验收入库的在途材料

20. 设置"生产成本"账户的目的，是为了取得以下信息中的（　　）。
   A. 为生产产品所发生的各种费用　　B. 完工入库产品的生产成本
   C. 期末未完工的在产品成本　　　　D. 期末生产资金的占用额

21. 营业利润的构成因素为（　　）。
   A. 财务费用　　　　　　　　　　　B. 销售费用
   C. 营业收入　　　　　　　　　　　D. 管理费用

22. 利润总额的构成因素为（　　）。
   A. 营业利润　　　　　　　　　　　B. 营业外收入
   C. 营业外支出　　　　　　　　　　D. 所得税费用

23. 关于"本年利润"账户的结构，下列说法中正确的是（　　）。
   A. 贷方登记从各收入账户转入的本期发生的各种收入
   B. 借方登记从各费用账户转入的本期发生的各种费用
   C. 贷方余额为累计实现的净利润额
   D. 年末，结转后该账户无余额

24. 下列内容应记入"预付账款"账户的借方的有（　　）。
   A. 预付下半年的包装物租金　　　　B. 预付差旅费
   C. 预付购料款　　　　　　　　　　D. 预付一年的财产保险费

25. 下列属于确认商品销售收入条件的是（　　）。
   A. 企业已将商品所有权上的主要风险和报酬转移给购货方
   B. 相关的经济利益很可能流入企业
   C. 收入的金额能够可靠地计量
   D. 相关的已发生或将发生的成本能够可靠地计量

26. 下列属于"其他业务收入"账户核算内容的有（　　）。
   A. 销售商品的收入　　　　　　　　B. 销售原材料的收入
   C. 出租固定资产的收入　　　　　　D. 出租包装物的收入

27. 下列属于"利润分配"账户明细账户的有（　　）。
   A. 未分配利润　　　　　　　　　　B. 提取法定盈余公积
   C. 应付现金股利或利润　　　　　　D. 提取资本公积

28. 损益类账户结转本年利润的方法主要有（　　）。
   A. 账结法　　　B. 分步法　　　C. 表结法　　　D. 综合法

29. 甲企业向乙企业销售产品一批，货款20 000元，增值税税额3 400元，货款及税款尚未收到；另以银行存款代垫运杂费300元。甲企业所编制会计分录的贷方应包括（　　）。

A. 主营业务收入20 000元

B. 应交税费——应交增值税（销项税额）3 400元

C. 应收账款——乙企业300元

D. 银行存款300元

30. 下列各项中，属于利润分配的有（　　）。

A. 提取法定盈余公积　　　　　　B. 提取任意盈余公积

C. 向投资者分配现金股利　　　　D. 计算交纳所得税

31. 下列各项中，期末结转后无余额的账户有（　　）。

A. 实收资本　　　　　　　　　　B. 主营业务成本

C. 库存商品　　　　　　　　　　D. 销售费用

三、判断题

1. "累计折旧"账户只进行总分类核算，不进行明细分类核算。（　　）

2. 固定资产折旧方法已经确定，不得变更。（　　）

3. 固定资产折旧方法的变更属于会计估计变更。（　　）

4. 盘亏的固定资产，发生时应通过"待处理财产损溢"账户核算。（　　）

5. 预付账款业务不多的企业可以不设置"预付账款"账户，而将其并入"应付账款"账户核算。（　　）

6. 损益类账户年末一定无余额。（　　）

7. "本年利润"账户年末一定无余额。（　　）

8. "利润分配"账户的年末贷方余额，反映企业历年积存的未弥补亏损。（　　）

9. "本年利润"账户能够全面反映企业实现的损益，因此属于损益类账户。（　　）

10. 小规模纳税企业购进货物或接受应税劳务时，无论是否取得增值税专用发票，均不得抵扣增值税进项税额。（　　）

11. "应付账款"账户的贷方登记企业购买材料物资、接受劳务供应形成的应付款和应付的租金、存入保证金。（　　）

12. 按《企业会计准则》的规定，企业"应付职工薪酬"科目核算的内容不包括支付给职工的货币性及非货币性福利。（　　）

13. 盈余公积和资本公积均是按税前利润的10%计提的。（　　）

14. 应收账款、预收账款、其他应收款均为资产。（　　）

15. 行政管理部门领用的原材料应计入"制造费用"账户的借方。（　　）

四、计算分录题

习题一

【目的】练习企业筹集资金业务的账务处理。

【资料】利华公司2016年4—6月发生以下经济业务：

(1) 4月2日，向银行借入期限为6个月、年利率为6%的借款260 000元，款项已存入银行。

(2) 4月10日，收到科达公司、广通公司投入本公司的资本金600 000元和900 000元，存入银行。分别占公司资本金份额为550 000元和800 000元。

(3) 4月15日，收到皖江公司投入的价值为10 000元的专利权，其价值已被投资各方确认，并已收到皖江公司移交的专利权证书等相关证明文件。（假定不考虑相关税费）

(4) 4月30日，经批准将资本公积金60 000元转增资本。

(5) 4月30日，预提4月利息。

(6) 5月31日，预提5月利息。

(7) 6月30日，支付三季度利息。

【要求】 根据上述资料编制会计分录。

习题二

【目的】 练习企业供应过程业务的账务处理。

【资料】 利华公司2016年5月发生以下经济业务：

(1) 2日，向科达公司购入不需要安装的设备一台，价款150 000元，增值税额25 500元，运输费3 000元，增值税款330元，包装费300元。全部款项用银行存款支付，设备已交车间使用。

(2) 2日，采购员张三赴外地采购材料，预支差旅费400元，当即开出现金支票付讫。

(3) 向大湖工厂购进材料清单见表4-1，货款用银行存款支付。

表4-1　　　　　　　　　　　　购进材料清单

材料名称	数量（千克）	单价（元）	金额（元）	增值税额（元）
甲材料	1 500	3	4 500	765
乙材料	1 000	2	2 000	340
合计	2 500		6 500	1 105

(4) 用银行存款支付上述材料的运输费、装卸费500元。

(5) 向南湖公司购入丙材料1 000千克，每千克5元，共计5 000元，增值税额为850元，款项尚未支付。

(6) 以银行存款支付丙材料的运输费500元、增值税额55元、装卸费500元。

(7) 以银行存款支付前欠南湖公司丙材料款。

(8) 从江南厂购进丁材料1 000千克，每千克5元，共计货款5 000元，增值税额850元。开出期限为5个月、票面金额为5 850元的不带息的商业汇票一张，同时以现金支付丁材料的运杂费200元。

(9) 采购员张三报销差旅费365元，并以现金退回原预支差旅费余额35元。

(10) 本期购进的甲、乙、丙、丁材料均已运到并验收入库，结转其实际采购成本。

【要求】 根据上述资料编制会计分录（材料的运输、装卸费按材料重量比例分配）。

习题三

【目的】练习企业生产过程业务的账务处理。

【资料】利华公司 2016 年 6 月发生以下有关生产加工的经济业务：

（1）1 日，基本生产车间领用材料情况见表 4-2。

表 4-2　　　　　　　　　　基本生产车间领用材料　　　　　　　　　　单位：元

用途	甲材料	乙材料	合计
A 产品生产	3 000	4 125	7 125
B 产品生产	5 000	3 225	8 225
车间一般耗用	200	300	500
合计	8 200	7 650	15 850

（2）2 日，经批准，从银行借入期限为一年的借款 100 000 元，年利率 7.2%，存入银行。

（3）6 日，以银行存款支付本季度报刊费 600 元。

（4）8 日，以银行存款支付企业行政管理部门的办公用品费 1 000 元。

（5）15 日，以银行存款支付车间机器设备的修理费 800 元。

（6）20 日，以银行存款支付车间办公用品费 300 元。

（7）21 日，委托银行发放上月工资 60 000 元。

（8）30 日，结算本月应付职工工资 60 000 元。其中，生产 A 产品工人工资 25 000 元，生产 B 产品工人工资 25 000 元，车间管理人员工资 2 000 元，厂部管理人员工资 8 000 元。

（9）30 日，按工资总额的 15%、10%、8%、4%、5%、12%、2%、2.5% 的比例计提职工养老保险、医疗保险、失业保险、工伤保险、生育保险、住房公积金、工会经费和职工教育经费。

（10）30 日，用银行存款支付本月水电费 3 500 元。其中，厂部分配 1 000 元，车间分配 2 500 元。

（11）30 日，按规定标准计提本月固定资产折旧费 4 500 元。其中，生产车间使用的固定资产应计提折旧费 3 500 元，企业行政管理部门使用的固定资产应计提折旧费 1 000 元。

（12）30 日，预提应由本月负担的短期借款利息。

（13）结转本月制造费用，并按 1∶1 的比例在 A、B 产品间分配。

（14）本月投产的 A、B 产品已全部完工并入库，结转产品的制造成本。

【要求】根据上述资料编制会计分录。

习题四

【目的】练习制造企业销售过程业务和财务成果的核算。

【资料】利华公司 2016 年 12 月发生以下有关收入、利润的经济业务：

（1）4 日，销售 A 产品 10 台，每台售价 8 000 元，货款共计 80 000 元，增值税额为

13 600 元，款已收到并存入银行。

（2）10 日，向联华公司销售 B 产品 8 台，每台售价 6 000 元，货款共计 48 000 元，增值税额为 8 160 元，款项尚未收到。

（3）12 日，以银行存款支付销售 A、B 产品的广告费 1 000 元。（取得增值税普通发票）

（4）13 日，以银行存款支付汇兑手续费 900 元。

（5）25 日，结转已销产品生产成本，A 产品 40 000 元，B 产品 35 000 元。

（6）26 日，收到 10 日销售 B 产品的价款 56 160 元，存入银行。

（7）27 日，以银行存款支付外地专设销售机构的经费 5 000 元。

（8）28 日，销售丙材料 1 000 千克，收入 6 000 元，增值税额为 1 020 元，货款已收到，并存入银行。

（9）28 日，结转本月销售丙材料的成本 5 000 元。

（10）31 日，按应交增值税额的 7% 和 3% 的比例计提本月应交城市维护建设税和教育费附加。

（11）31 日，对外投资收到其他单位交来的投资收益 10 000 元，存入银行。

（12）31 日，将主营业务收入、投资收益、其他业务收入转入"本年利润"账户。

（13）31 日，将主营业务成本、营业税金及附加、销售费用、管理费用、财务费用、其他业务成本转入"本年利润"账户。

（14）31 日，按 25% 的所得税率计提应交所得税，计算 12 月的税后净利润，企业 1—11 月的税后净利润额为 200 000 元。

（15）31 日，将本年实现的净利润转入"利润分配"账户。

（16）31 日，按税后利润的 10%、5% 分别计提法定盈余公积金和任意盈余公积金；经股东大会批准，本年度向投资者分配利润 80 000 元。

（17）31 日，年终结转利润分配明细账户余额。

【要求】根据上述资料编制会计分录。

五、综合实训题

【目的】综合练习企业筹资过程、供应过程、生产过程、销售过程和财务成果的核算。

【资料】联华公司 2016 年 12 月发生的经济业务如下：

（1）1 日，向银行借入期限为 3 个月、年利率为 6% 的借款 800 000 元，存入银行。

（2）1 日，购入甲材料 200 吨，每吨 150 元，货款共计 30 000 元，增值税额为 5 100 元，以银行存款支付。

（3）2 日，向益民公司购入乙材料 90 吨，每吨 100 元，货款共计 9 000 元，增值税额为 1 530 元，款项尚未支付。

（4）5 日，以银行存款支付甲、乙材料运杂费 725 元。

（5）6 日，以银行存款偿还前欠益民公司的货款。

（6）7 日，上列甲、乙两种材料均验收入库，按实际采购成本转账。

（7）9 日，生产 A 产品领用甲材料 120 吨，每吨单位成本 152.5 元，生产 B 产品领用材料 60 吨，每吨单位成本 102.5 元。

（8）12 日，销售给红星工厂 B 产品 8 台，每台售价 2 000 元，货款共计 16 000 元，增值税额为 2 720 元，款项尚未收到。

（9）15 日，以银行存款支付广告费 800 元。取得增值税普通发票。

（10）15 日，以银行存款支付本月职工工资 15 800 元。

（11）16 日，以现金支付采购员王立预借差旅费 300 元。

（12）19 日，采购员王立出差归来，报销差旅费 280 元，交回现金 20 元。

（13）20 日，以银行存款支付企业下年度财产保险费 5 000 元。

（14）30 日，预提本月应负担的短期借款利息。

（15）30 日，按照规定计算提取本月的固定资产折旧费 2 400 元。其中，生产用固定资产折旧费 1 800 元，企业行政管理用固定资产折旧费 600 元。

（16）30 日，以银行存款支付本月水电费 2 288 元。其中，厂部分配 1 000 元，车间分配 1 288 元。

（17）30 日，销售给光明工厂 A 产品 10 台，每台售价 5 000 元，计 50 000 元，增值税 8 500 元，货款收回并存入银行。

（18）30 日，结算本月的应付工资 15 800 元。其中，A 产品生产工人工资 8 000 元，B 产品生产工人工资 5 000 元，车间管理人员工资 800 元，厂部管理人员工资 2 000 元。

（19）30 日，按工资总额 15%、10%、8%、4%、5%、12%、2%、2.5% 的比例计提职工养老保险、医疗保险、失业保险、工伤保险、生育保险、住房公积金、工会经费和职工教育经费。

（20）30 日，汇总全月制造费用，按直接的生产工人的工资比例在 A、B 产品之间分配。

（21）31 日，全月投产 A、B 产品各 10 台，已全部完工入库，结转产品实际生产成本。

（22）31 日，以银行存款支付销售 A、B 产品 10 台和 8 台的运杂费 6 000 元。

（23）31 日，结转已销产品的生产成本，10 台 A 产品的生产成本为 32 700 元，8 台 B 产品的生产成本为 9 256 元。

（24）31 日，销售乙材料 10 吨，每吨售价 1 200 元，计 12 000 元，增值税 2 040 元，款已存入银行。

（25）31 日，结转销售乙材料的实际成本，乙材料的采购成本为每吨 800 元。

（26）31 日，企业向灾区捐赠款项 20 000 元，以银行存款支付。

（27）31 日，企业发生非常损失，被盗现金 1 000 元，经批准作企业营业外支出处理。

（28）31 日，企业收到乙公司分配的投资利润 50 000 元，存入银行。

（29）31 日，将本月的各项收入结转入"本年利润"账户。

（30）31 日，将本月的各项支出结转入"本年利润"账户。

（31）31 日，按 25% 计提应交企业所得税。

（32）31 日，本年度 1—11 月累计实现净利润 350 000 元，将本年实现的净利润结转入"利润分配"账户。

(33) 31日，按税后利润的10%、5%分别计提法定盈余公积和任意盈余公积。

(34) 31日，经股东大会批准，将剩余净利润的50%向各投资者分配。

(35) 31日，将"利润分配"各明细账户结转入"利润分配——未分配利润"账户。

【要求】

1. 根据上述经济业务编制会计分录，并计算公司利润总额和净利润。

2. 根据上述会计分录登记"材料采购""生产成本"明细账。

习题参考答案

一、单项选择题

1. B 2. A 3. B 4. B 5. B 6. C 7. D 8. A 9. D 10. C 11. B 12. B 13. B
14. A 15. B 16. D 17. C 18. D 19. C 20. B 21. D 22. A 23. A 24. D 25. A

二、多项选择题

1. ABD 2. ABD 3. ABC 4. ABCD 5. ABCD 6. ACD 7. ABCD 8. AC 9. CD
10. ABCD 11. BCD 12. ABC 13. AC 14. BC 15. BD 16. ACD 17. ACD 18. ACD
19. ABCD 20. AC 21. ABCD 22. ABC 23. ABCD 24. ACD 25. ABCD 26. BCD
27. ABC 28. AC 29. ABCD 30. ABC 31. BD

三、判断题

1. √ 2. × 3. √ 4. √ 5. √ 6. √ 7. √ 8. × 9. × 10. √ 11. × 12. ×
13. × 14. × 15. ×

四、计算分录题

习题一

(1) 借：银行存款　　　　　　　　　　　　　　　　　　　260 000
　　　贷：短期借款　　　　　　　　　　　　　　　　　　　　　260 000

(2) 借：银行存款　　　　　　　　　　　　　　　　　　　1500 000
　　　贷：实收资本——科达公司　　　　　　　　　　　　　　　550 000
　　　　　　　　　——科达公司　　　　　　　　　　　　　　　800 000
　　　　　资本公积——资本溢价　　　　　　　　　　　　　　　150 000

(3) 借：无形资产——专利权　　　　　　　　　　　　　　10 000
　　　贷：实收资本——皖江公司　　　　　　　　　　　　　　　10 000

(4) 借：资本公积　　　　　　　　　　　　　　　　　　　60 000
　　　贷：实收资本　　　　　　　　　　　　　　　　　　　　　60 000

(5) 借：财务费用　　　　　　　　　　　　　　　　　　　1 300
　　　贷：应付利息　　　　　　　　　　　　　　　　　　　　　1 300

(6) 借：财务费用　　　　　　　　　　　　　　　　　　　1 300
　　　贷：应付利息　　　　　　　　　　　　　　　　　　　　　1 300

(7) 借：应付利息　　　　　　　　　　　　　　　　　　　　2 600
　　　　财务费用　　　　　　　　　　　　　　　　　　　　1 300
　　　贷：银行存款　　　　　　　　　　　　　　　　　　　　　　3 900

习题二
(1) 借：固定资产　　　　　　　　　　　　　　　　　　　　153 300
　　　　应交税费——应交增值税（进项税额）　　　　　　　　25 830
　　　贷：银行存款　　　　　　　　　　　　　　　　　　　　　　179 130
(2) 借：其他应收款——张三　　　　　　　　　　　　　　　　400
　　　贷：银行存款　　　　　　　　　　　　　　　　　　　　　　400
(3) 借：在途物资——甲材料　　　　　　　　　　　　　　　4 500
　　　　　　　　——乙材料　　　　　　　　　　　　　　　2 000
　　　　应交税费——应交增值税（进项税额）　　　　　　　　1 105
　　　贷：银行存款　　　　　　　　　　　　　　　　　　　　　　7 605
(4) 借：在途物资——甲材料　　　　　　　　　　　　　　　300
　　　　　　　　——乙材料　　　　　　　　　　　　　　　200
　　　贷：银行存款　　　　　　　　　　　　　　　　　　　　　　500
(5) 借：在途物资——丙材料　　　　　　　　　　　　　　　5 000
　　　　应交税费——应交增值税（进项税额）　　　　　　　　850
　　　贷：应付账款——南湖公司　　　　　　　　　　　　　　　5 850
(6) 借：在途物资——丙材料　　　　　　　　　　　　　　　1 000
　　　　应交税费——应交增值税（进项税额）　　　　　　　　55
　　　贷：银行存款　　　　　　　　　　　　　　　　　　　　　　1 055
(7) 借：应付账款——南湖公司　　　　　　　　　　　　　　5 850
　　　贷：银行存款　　　　　　　　　　　　　　　　　　　　　　5 850
(8) 借：在途物资——丁材料　　　　　　　　　　　　　　　5 200
　　　　应交税费——应交增值税（进项税额）　　　　　　　　850
　　　贷：应付票据——商业承兑票据　　　　　　　　　　　　5 850
　　　　　库存现金　　　　　　　　　　　　　　　　　　　　　200
(9) 借：管理费用　　　　　　　　　　　　　　　　　　　　365
　　　　库存现金　　　　　　　　　　　　　　　　　　　　　35
　　　贷：其他应收款——张三　　　　　　　　　　　　　　　　400
(10) 借：原材料——甲材料　　　　　　　　　　　　　　　　4 800
　　　　　　　——乙材料　　　　　　　　　　　　　　　　2 200
　　　　　　　——丙材料　　　　　　　　　　　　　　　　6 000
　　　　　　　——丁材料　　　　　　　　　　　　　　　　5 200
　　　　贷：在途物资——甲材料　　　　　　　　　　　　　　4 800
　　　　　　　　　　——乙材料　　　　　　　　　　　　　　2 200
　　　　　　　　　　——丙材料　　　　　　　　　　　　　　6 000

| | | ——丁材料 | 5 200 |

习题三

（1）借：生产成本——基本生产成本（A产品）　　　　　7 125
　　　　　　　　　——基本生产成本（B产品）　　　　　8 225
　　　　制造费用　　　　　　　　　　　　　　　　　　　　500
　　　　贷：原材料——甲材料　　　　　　　　　　　　　　　　8 200
　　　　　　　　——乙材料　　　　　　　　　　　　　　　　　7 650

（2）借：银行存款　　　　　　　　　　　　　　　　　100 000
　　　　贷：短期借款　　　　　　　　　　　　　　　　　　　100 000

（3）借：预付账款　　　　　　　　　　　　　　　　　　　600
　　　　贷：银行存款　　　　　　　　　　　　　　　　　　　　　600

（4）借：管理费用——办公费　　　　　　　　　　　　　1 000
　　　　贷：银行存款　　　　　　　　　　　　　　　　　　　　1 000

（5）借：管理费用——维修费　　　　　　　　　　　　　　800
　　　　贷：银行存款　　　　　　　　　　　　　　　　　　　　　800

（6）借：制造费用　　　　　　　　　　　　　　　　　　　300
　　　　贷：银行存款　　　　　　　　　　　　　　　　　　　　　300

（7）借：应付职工薪酬——工资　　　　　　　　　　　60 000
　　　　贷：银行存款　　　　　　　　　　　　　　　　　　　60 000

（8）借：生产成本——基本生产成本（A产品）　　　　25 000
　　　　　　　　　——基本生产成本（B产品）　　　　25 000
　　　　制造费用　　　　　　　　　　　　　　　　　　　　2 000
　　　　管理费用——工资　　　　　　　　　　　　　　　8 000
　　　　贷：应付职工薪酬——工资　　　　　　　　　　　　　60 000

（9）借：生产成本——基本生产成本（A产品）　　　　14 625
　　　　　　　　　——基本生产成本（B产品）　　　　14 625
　　　　制造费用　　　　　　　　　　　　　　　　　　　1 170
　　　　管理费用——工资　　　　　　　　　　　　　　　4 680
　　　　贷：应付职工薪酬——社保费　　　　　　　　　　　25 200
　　　　　　　　　　——住房公积金　　　　　　　　　　　7 200
　　　　　　　　　　——工会经费　　　　　　　　　　　　1 200
　　　　　　　　　　——职工教育经费　　　　　　　　　　1 500

（10）借：管理费用　　　　　　　　　　　　　　　　　1 000
　　　　 制造费用　　　　　　　　　　　　　　　　　　2 500
　　　　 贷：银行存款　　　　　　　　　　　　　　　　　　　3 500

（11）借：制造费用　　　　　　　　　　　　　　　　　3 500
　　　　 管理费用　　　　　　　　　　　　　　　　　　1 000
　　　　 贷：累计折旧　　　　　　　　　　　　　　　　　　　4 500

(12) 借：财务费用 600
　　　贷：应付利息 600
(13) 借：生产成本——基本生产成本（A产品） 4 985
　　　　　　　　——基本生产成本（B产品） 4 985
　　　贷：制造费用 9 970
(14) 借：库存商品——A产品 51 735
　　　　　　　　——A产品 52 835
　　　贷：生产成本——基本生产成本（A产品） 51 735
　　　　　　　　　——基本生产成本（B产品） 52 835

习题四

(1) 借：银行存款 93 600
　　　贷：主营业务收入 80 000
　　　　　应交税费——应交增值税（销项税额） 13 600
(2) 借：应收账款——联华公司 56 160
　　　贷：主营业务收入 48 000
　　　　　应交税费——应交增值税（销项税额） 8 160
(3) 借：销售费用——广告费 1 000
　　　贷：银行存款 1 000
(4) 借：财务费用——手续费 900
　　　贷：银行存款 900
(5) 借：主营业务成本 75 000
　　　贷：库存商品——A产品 40 000
　　　　　　　　　——B产品 35 000
(6) 借：银行存款 56 160
　　　贷：应收账款——联华公司 56 160
(7) 借：销售费用 5 000
　　　贷：银行存款 5 000
(8) 借：银行存款 7 020
　　　贷：其他业务收入 6 000
　　　　　应交税费——应交增值税（销项税额） 1 020
(9) 借：其他业务成本 5 000
　　　贷：原材料 5 000
(10) 借：营业税金及附加 2 278
　　　贷：应交税费——应交城建税 1 594.60
　　　　　应交税费——应交教育费附加 683.40
(11) 借：银行存款 10 000
　　　贷：投资收益 10 000
(12) 借：主营业务收入 128 000

	其他业务收入	6 000
	投资收益	10 000
	贷：本年利润	144 000
（13）	借：本年利润	89 178
	贷：主营业务成本	75 000
	其他业务成本	5 000
	营业税金及附加	2 278
	销售费用	6 000
	财务费用	900
（14）	借：所得税费用	13 705.50
	贷：应缴税费——应交所得税	13 705.50
（15）	借：本年利润	241 116.50
	贷：利润分配——未分配利润	241 116.50
（16）	借：利润分配——法定盈余公积	24 111.65
	——任意盈余公积	12 055.83
	——应付利润	80 000.00
	贷：盈余公积——法定盈余公积	24 111.65
	——任意盈余公积	12 055.83
	应付利润	80 000.00
（17）	借：利润分配——未分配利润	116 167.48
	贷：利润分配——法定盈余公积	24 111.65
	——任意盈余公积	12 055.83
	——应付利润	80 000.00

五、综合实训题

（1）借：银行存款　　　　　　　　　　　　　　　　800 000
　　　贷：短期借款　　　　　　　　　　　　　　　　　　800 000
（2）借：在途物资——甲材料　　　　　　　　　　　30 000
　　　应交税费——应交增值税（进项税额）　　　　5 100
　　　贷：银行存款　　　　　　　　　　　　　　　　　　35 100
（3）借：在途物资——乙材料　　　　　　　　　　　9 000
　　　应交税费——应交增值税（进项税额）　　　　1 530
　　　贷：应付账款——益民公司　　　　　　　　　　　　10 530
（4）借：在途物资——甲材料　　　　　　　　　　　558
　　　　　　　　——乙材料　　　　　　　　　　　167
　　　贷：银行存款　　　　　　　　　　　　　　　　　　725
（5）借：应付账款——益民公司　　　　　　　　　　10 530
　　　贷：银行存款　　　　　　　　　　　　　　　　　　10 530

(6) 借：原材料——甲材料　　　　　　　　　　　　　　　30 558
　　　　　　——乙材料　　　　　　　　　　　　　　　 9 167
　　　贷：在途物资——甲材料　　　　　　　　　　　　　　　30 558
　　　　　　　　——乙材料　　　　　　　　　　　　　　　 9 167
(7) 借：生产成本——基本生产成本（A产品）　　　　　　　18 300
　　　　　　——基本生产成本（B产品）　　　　　　　 6 150
　　　贷：原材料——甲材料　　　　　　　　　　　　　　　18 300
　　　　　　　——乙材料　　　　　　　　　　　　　　　 6 150
(8) 借：应收账款——红星工厂　　　　　　　　　　　　　　18 720
　　　贷：主营业务收入　　　　　　　　　　　　　　　　　16 000
　　　　　应交税费——应交增值税（销项税额）　　　　　　 2 720
(9) 借：销售费用——广告费　　　　　　　　　　　　　　　　800
　　　贷：银行存款　　　　　　　　　　　　　　　　　　　　800
(10) 借：应付职工薪酬——工资　　　　　　　　　　　　　15 800
　　　贷：银行存款　　　　　　　　　　　　　　　　　　　15 800
(11) 借：其他应收款——王立　　　　　　　　　　　　　　　 300
　　　贷：库存现金　　　　　　　　　　　　　　　　　　　　300
(12) 借：管理费用　　　　　　　　　　　　　　　　　　　　 280
　　　　库存现金　　　　　　　　　　　　　　　　　　　　　 20
　　　贷：其他应收款——王立　　　　　　　　　　　　　　　 300
(13) 借：预付账款　　　　　　　　　　　　　　　　　　　 5 000
　　　贷：银行存款　　　　　　　　　　　　　　　　　　　 5 000
(14) 借：财务费用　　　　　　　　　　　　　　　　　　　 4 000
　　　贷：应付利息　　　　　　　　　　　　　　　　　　　 4 000
(15) 借：制造费用　　　　　　　　　　　　　　　　　　　 1 800
　　　　管理费用　　　　　　　　　　　　　　　　　　　　 600
　　　贷：累计折旧　　　　　　　　　　　　　　　　　　　 2 400
(16) 借：管理费用　　　　　　　　　　　　　　　　　　　 1 000
　　　　制造费用　　　　　　　　　　　　　　　　　　　 1 288
　　　贷：银行存款　　　　　　　　　　　　　　　　　　　 2 288
(17) 借：银行存款　　　　　　　　　　　　　　　　　　　58 500
　　　贷：主营业务收入　　　　　　　　　　　　　　　　　50 000
　　　　　应交税费——应交增值税（销项税额）　　　　　　 8 500
(18) 借：生产成本——基本生产成本（A产品）　　　　　　　 8 000
　　　　　　——基本生产成本（B产品）　　　　　　　 5 000
　　　　制造费用　　　　　　　　　　　　　　　　　　　　 800
　　　　管理费用　　　　　　　　　　　　　　　　　　　 2 000
　　　贷：应付职工薪酬——工资　　　　　　　　　　　　　15 800

(19) 借：生产成本——基本生产成本（A产品）　　　　　　　4 680
　　　　　　　　——基本生产成本（B产品）　　　　　　　2 925
　　　　制造费用　　　　　　　　　　　　　　　　　　　　468
　　　　管理费用　　　　　　　　　　　　　　　　　　　1 170
　　　　贷：应付职工薪酬——社保费　　　　　　　　　　6 636
　　　　　　　　　　　　——住房公积金　　　　　　　　1 896
　　　　　　　　　　　　——工会经费　　　　　　　　　　316
　　　　　　　　　　　　——职工教育经费　　　　　　　　395
(20) 借：生产成本——基本生产成本（A产品）　　　　　2 680.62
　　　　　　　　——基本生产成本（B产品）　　　　　1 675.38
　　　　贷：制造费用　　　　　　　　　　　　　　　4 356.00
(21) 借：库存商品——A产品　　　　　　　　　　　　33 660.62
　　　　　　　　——B产品　　　　　　　　　　　　15 750.38
　　　　贷：生产成本——基本生产成本（A产品）　　33 660.62
　　　　　　　　　　——基本生产成本（B产品）　　15 750.38
(22) 借：销售费用——运杂费　　　　　　　　　　　　　6 000
　　　　贷：银行存款　　　　　　　　　　　　　　　　6 000
(23) 借：主营业务成本——A产品　　　　　　　　　　　32 700
　　　　　　　　　——B产品　　　　　　　　　　　　9 256
　　　　贷：库存商品——A产品　　　　　　　　　　　32 700
　　　　　　　　　——B产品　　　　　　　　　　　　9 256
(24) 借：银行存款　　　　　　　　　　　　　　　　　14 040
　　　　贷：其他业务收入　　　　　　　　　　　　　12 000
　　　　　　应交税费——应交增值税（销项税额）　　　2 040
(25) 借：其他业务成本　　　　　　　　　　　　　　　　8 000
　　　　贷：原材料——乙材料　　　　　　　　　　　　8 000
(26) 借：营业外支出　　　　　　　　　　　　　　　　20 000
　　　　贷：银行存款　　　　　　　　　　　　　　　20 000
(27) 借：营业外支出　　　　　　　　　　　　　　　　　1 000
　　　　贷：库存现金　　　　　　　　　　　　　　　　1 000
(28) 借：银行存款　　　　　　　　　　　　　　　　　50 000
　　　　贷：投资收益　　　　　　　　　　　　　　　50 000
(29) 借：主营业务收入　　　　　　　　　　　　　　　66 000
　　　　其他业务收入　　　　　　　　　　　　　　　12 000
　　　　投资收益　　　　　　　　　　　　　　　　　50 000
　　　　贷：本年利润　　　　　　　　　　　　　　　128 000
(30) 借：本年利润　　　　　　　　　　　　　　　　　86 806
　　　　贷：主营业务成本　　　　　　　　　　　　　41 956

	其他业务成本		8 000
	销售费用		6 800
	管理费用		5 050
	财务费用		4 000
	营业外支出		21 000

(31) 借：所得税费用　　　　　　　　　　　　10 298.50
　　　　贷：应交税费——应交所得税　　　　　　　10 298.50
(32) 借：本年利润　　　　　　　　　　　　　380 895.50
　　　　贷：利润分配——未分配利润　　　　　　　380 895.50
(33) 借：利润分配——提取法定盈余公积　　　　38 089.55
　　　　　　　　——提取任意盈余公积　　　　19 044.78
　　　　贷：盈余公积——法定盈余公积　　　　　　 38 089.55
　　　　　　　　　　——任意盈余公积　　　　　　19 044.78
(34) 借：利润分配——应付利润　　　　　　　　161 880.59
　　　　贷：应付利润　　　　　　　　　　　　　　161 880.59
(35) 借：利润分配——未分配利润　　　　　　　219 014.92
　　　　贷：利润分配——提取法定盈余公积　　　　 38 089.55
　　　　　　　　　　　——提取任意盈余公积　　　 19 044.78
　　　　　　　　　　　——应付利润　　　　　　　161 880.59

第五章 会计凭证

一、单项选择题

1. 会计凭证按其（　　），可分为原始凭证和记账凭证两类。
   A. 填制方式　　　　　　　　　B. 反映业务的方法
   C. 填制的程序和用途　　　　　D. 取得的来源不同

2. 下列不能作为入账依据的原始单据是（　　）。
   A. 收料单
   B. 领料单
   C. 已经单位领导批准但尚未执行的请购单
   D. 购货发票

3. "限额领料单"属于（　　）。
   A. 累计凭证　　　　　　　　　B. 汇总原始凭证
   C. 一次凭证　　　　　　　　　D. 外来原始凭证

4. 下列各项中，不属于原始凭证审核内容的是（　　）。
   A. 原始凭证是否真实　　　　　B. 原始凭证是否合法
   C. 原始凭证的合理性　　　　　D. 会计科目的正确性

5. 会计人员对不真实、不合法的原始凭证应（　　）。
   A. 不予受理　　　　　　　　　B. 予以退回
   C. 更正补充　　　　　　　　　D. 无权自行处理

6. 填制原始凭证时，下列做法错误的是（　　）。
   A. 凭证发生错误不得随意涂改、刮擦、挖补
   B. 所有以元为单位的数字，除表示单价外，一律写到角、分
   C. 阿拉伯数字不得连写
   D. 经有关部门批准的业务，其批准文件不能作为原始凭证的附件

7. 原始凭证不得涂改、刮擦、挖补。对于金额有错误的原始凭证，正确的处理方法是（　　）。
   A. 由出具单位重开
   B. 由出具单位在凭证上更正并由经办人员签名
   C. 由出具单位在凭证上更正并由出具单位负责人签名
   D. 由出具单位在凭证上更正并加盖出具单位印章

8. 下列不属于记账凭证内容的事项是（　　）。
   A. 填制日期、会计科目及金额　　B. 所附原始凭证的张数
   C. 单位负责人签字或盖章　　　　D. 会计部门负责人签字或盖章

9. 企业从银行提取现金按规定应编制（　　）。
   A. 付款凭证　　　　　　　　　　　B. 收款凭证
   C. 转账凭证　　　　　　　　　　　D. 收款和付款凭证

10. 下列记账凭证中，可以不附原始凭证的是（　　）。
    A. 所有收款凭证　　　　　　　　　B. 所有付款凭证
    C. 所有转账凭证　　　　　　　　　D. 用于结账的记账凭证

11. 会计凭证的传递，是指（　　）在单位内部有关部门及人员之间的传递程序和传递时间。
    A. 会计凭证从取得到编制成记账凭证时止
    B. 从取得原始凭证到登记账簿时止
    C. 从填制记账凭证到编制会计报表时止
    D. 会计凭证从填制时起到归档保管时止

12. 日常会计核算工作的起点是（　　）。
    A. 填制会计凭证　　　　　　　　　B. 财产清查
    C. 设置会计科目和账户　　　　　　D. 登记会计账簿

13. 一笔经济业务涉及的会计科目较多，需填制多张记账凭证的，可采用（　　）。
    A. 连续编号法　　　　　　　　　　B. 分数编号法
    C. 同一编号法　　　　　　　　　　D. 以上都不对

14. 一笔经济业务需要编制两张记账凭证，若凭证顺序为 30 号，则记账凭证编号分别为（　　）。
    A. 30，31　　　　　　　　　　　　B. $30\frac{1}{2}$，$30\frac{2}{2}$
    C. 30－1，30－2　　　　　　　　　D. 30，30

15. 当年的会计凭证，在会计年度终了后，可由会计部门保管（　　）。
    A. 半年　　　B. 两年　　　C. 一年　　　D. 三年

16. 填制原始凭证应做到大小写数字符合规范、填写正确。大写金额"肆仟零壹元伍角整"的小写应为（　　）。
    A. ¥4 001.5 元　B. ¥4 001.50　C. ¥4 001.50 元　D. ¥4 001.5

17. 必须由会计人员填制的凭证是（　　）。
    A. 收料单　　　　　　　　　　　　B. 转账凭证
    C. 发货单　　　　　　　　　　　　D. 商品销售汇总表

18. 一定时期内多次记录重复发生的同类经济业务的原始凭证是（　　）。
    A. 通用凭证　　　　　　　　　　　B. 累计凭证
    C. 记账编制凭证　　　　　　　　　D. 汇总原始凭证

19. 按照凭证的来源分类，"制造费用分配表"属于（　　）。
    A. 一次凭证　　　　　　　　　　　B. 记账编制凭证
    C. 自制原始凭证　　　　　　　　　D. 外来原始凭证

20. 将某项经济业务所涉及的会计科目集中填列在一张记账凭证上的是（　　）。

A. 单式记账凭证 B. 复式记账凭证
C. 一次凭证 D. 记账编制凭证

21. 将记账凭证分为收款凭证、付款凭证和转账凭证的依据是（　　）。
A. 凭证的来源
B. 凭证填制的手续
C. 凭证所包括的会计科目是否单一
D. 凭证所记录的经济业务是否与货币资金收付有关

22. 填制记账凭证时，下列做法中不正确的是（　　）。
A. 编制更正错误的记账凭证未附原始凭证
B. 编制多借一贷的会计分录
C. 一个月内的记账凭证连续编号
D. 从银行提取现金，填制现金收款凭证

23. 下面所列凭证中，不能作为登记总账依据的是（　　）。
A. 原始凭证 B. 记账凭证
C. 科目汇总表 D. 汇总记账凭证

24. 汇总付款凭证的贷方科目是（　　）。
A. 应付账款 B. 银行存款
C. 实收资本 D. 管理费用

25. 销售产品收到商业汇票一张，应该填制（　　）。
A. 银收字记账凭证 B. 现付字记账凭证
C. 转账凭证 D. 单式凭证

26. 下列不属于原始凭证的是（　　）。
A. 销货发票 B. 差旅费报销单
C. 现金收据 D. 银行存款余额调节表

27. 在实际工作中，规模小、业务简单的单位，为了简化会计核算工作，可以使用一种统一格式的（　　）。
A. 转账凭证 B. 收款凭证
C. 付款凭证 D. 通用记账凭证

28. 企业购进材料60 000元，款未付，该笔业务应编制的记账凭证是（　　）。
A. 收款凭证 B. 付款凭证
C. 转账凭证 D. 以上均可

29. 下列经济业务，应该填制现金收款凭证的是（　　）。
A. 从银行提取现金 B. 以现金发放职工工资
C. 出售报废的固定资产收到现金 D. 销售积压材料，收到一张转账支票

30. "工资结算汇总表"是一种（　　）。
A. 一次凭证 B. 累计凭证
C. 汇总凭证 D. 复式凭证

31. 原始凭证是由（　　）取得或填制的。

A. 总账会计 B. 业务经办单位或人员
C. 会计主管 D. 出纳人员

二、多项选择题

1. 下列单据中，属于会计凭证的有（　　）。
   A. 填制完毕的工资计算单 B. 运费发票
   C. 银行转来的进账单 D. 银行转来的对账单

2. 下列属于一次凭证的有（　　）。
   A. 收料单 B. 材料请购单
   C. 耗用材料汇总表 D. 领料单

3. 下列对外来原始凭证的更正做法，错误的有（　　）。
   A. 金额错误的，采用划线更正法更正并加盖单位公章
   B. 金额错误的，采用红字更正法更正并加盖单位公章
   C. 金额错误的，退原开票单位重开
   D. 接收单位名称错误的，自行更正，加盖单位公章

4. 下列会计凭证中，属于自制原始凭证的有（　　）。
   A. 材料领料单 B. 实存账存对比表
   C. 购货发票 D. 印花税票

5. "收料单"是（　　）。
   A. 外来原始凭证 B. 自制原始凭证
   C. 一次凭证 D. 累计凭证

6. "限额领料单"是（　　）。
   A. 外来原始凭证 B. 自制原始凭证
   C. 一次凭证 D. 累计凭证

7. 原始凭证应具备的基本内容有（　　）。
   A. 原始凭证的名称和填制日期 B. 接受凭证单位名称
   C. 经济业务的内容 D. 数量、单价和大小写金额

8. 收款凭证中，"借方科目"可能涉及的账户有（　　）。
   A. 库存现金 B. 银行存款
   C. 应付账款 D. 应收账款

9. 记账凭证必须具备的基本内容有（　　）。
   A. 记账凭证的名称 B. 填制日期和编号
   C. 经济业务的简要说明 D. 会计分录

10. 对记账凭证审核的要求有（　　）。
    A. 内容是否真实 B. 书写是否正确
    C. 科目是否正确 D. 金额是否正确

11. 下列经济业务中，应填制转账凭证的是（　　）。
    A. 国家以厂房对企业投资 B. 外商以货币资金对企业投资

C. 购买材料未付款 D. 销售商品，收到商业汇票一张

12. 下列说法中正确的是（ ）。
   A. 原始凭证必须记录真实、内容完整
   B. 一般原始凭证发生错误，必须按规定办法更正
   C. 有关现金和银行存款的收支凭证，如果填写错误，必须作废
   D. 购买实物的原始凭证，必须有验收证明

13. 应在现金收、付款记账凭证上签字的有（ ）等。
   A. 制证人员 B. 登账人员
   C. 审核人员 D. 会计主管

14. 收款凭证是登记（ ）的依据。
   A. 库存现金日记账 B. 银行存款日记账
   C. 总账 D. 明细账

15. 正确组织会计凭证传递时应考虑的因素有（ ）。
   A. 企业经济业务的特点 B. 企业内部机构的设置
   C. 提高会计核算的工作效率 D. 会计凭证的保管期限
   E. 会计人员的分工

16. 原始凭证按其填制方法的不同，可以分为（ ）。
   A. 外来原始凭证 B. 自制原始凭证
   C. 一次凭证 D. 累计凭证

17. 记账凭证按其反映经济业务内容的不同，可以分为（ ）。
   A. 收款凭证 B. 复式记账凭证
   C. 单式记账凭证 D. 转账凭证

18. 关于人民币1 000.60，下列表述中正确的是（ ）。
   A. 人民币壹仟元零陆角正 B. 人民币壹仟元零陆角整
   C. 人民币壹仟元陆角正 D. 人民币壹仟元陆角整

19. 对经审核的原始凭证，会计机构、会计人员的下列做法中正确的有（ ）。
   A. 对准确无误、完全符合要求的原始凭证，应及时填制记账凭证
   B. 对记载不准确、不完整的原始凭证，予以退回，并要求经办人员将有关凭证补充完整、更正错误或重开
   C. 对不真实、不合法的原始凭证，有权不予受理，并向单位负责人报告
   D. 对不真实、不合法的原始凭证，可先编制记账凭证，同时向单位负责人报告

20. 记账凭证的审核内容主要包括（ ）。
   A. 审核记账凭证的合法性 B. 审核记账凭证的真实性
   C. 审核记账凭证的完整性 D. 审核记账凭证的正确性

21. 下列各项中，属于外来原始凭证的有（ ）。
   A. 供货单位开具的发票 B. 运费发票
   C. 银行收款通知 D. 银行付款通知

22. 记账凭证按其编制方法不同，可分为（　　）。
   A. 单式记账凭证　　　　　　　　B. 复式记账凭证
   C. 专用记账凭证　　　　　　　　D. 通用记账凭证
23. 在填制的付款凭证中，借方科目可能涉及（　　）。
   A. 库存现金　　　　　　　　　　B. 销售费用
   C. 应付账款　　　　　　　　　　D. 应收账款
24. 记账凭证编制的基本要求是（　　）。
   A. 主要内容必须完整　　　　　　B. 必须附原始凭证
   C. 应连续编号　　　　　　　　　D. 书写清楚、规范
25. 会计凭证的传递要做到（　　）。
   A. 程序合理　　　　　　　　　　B. 时间节约
   C. 手续严密　　　　　　　　　　D. 责任明确

三、判断题

1. 会计凭证是指会计人员填制的凭证。（　　）
2. 自制凭证是指会计人员自行填制的凭证。（　　）
3. 企业将现金存入银行或从银行提取现金，为了避免重复记账，一般只编制收款凭证，不编制付款凭证。（　　）
4. 对销售退回业务编制记账凭证时，所附的原始凭证除退货发票外，还应包括退货验收证明、汇款凭证和对方的收款收据。（　　）
5. 出纳人员在办理收付款业务后，应在原始凭证上加盖"收讫""付讫"的戳记，以避免重收或重付。（　　）
6. 在会计凭证传递期间，凡经办会计凭证的会计人员，都有责任保管好原始凭证和记账凭证，严防在传递中散失。（　　）
7. 记账凭证可以作为登记账簿的直接依据，原始凭证则不能作为登记账簿的直接依据。（　　）
8. 每年装订成册的会计凭证，在年度终了时，可暂由单位会计机构保管一年，期满后应当移交本单位档案机构统一保管。（　　）
9. 会计凭证一般不得外借，特殊情况下，经本单位领导批准可以外借。（　　）
10. 会计人员在审核原始凭证，发现有内容不全、手续不完备、数字计算有错误的凭证时，有权拒绝受理。（　　）
11. 外来原始凭证一般都是一次凭证。（　　）
12. 将现金存入银行的业务，可以编制银行收款凭证。（　　）
13. 会计凭证尽管保管期未满，也可以根据需要自行销毁。（　　）
14. 如果一笔经济业务涉及的会计科目较多，需填制多张记账凭证，可采用分数编号法。（　　）
15. 各种经济合同和重要的涉及文件应另编目录，单独登记保管，并在有关记账凭证和原始凭证上注明。（　　）

四、练习题

1. 练习收、付款凭证的编制。

【资料】科达公司2016年4月发生以下经济业务：

（1）1日，开出现金支票，提取3 000元现金备用。

（2）2日，用现金支付生产车间办公费800元。

（3）2日，从银行取得两年期借款200 000元，存入银行。

（4）4日，销售乙产品30件，价款总额90 000元，增值税销项税额为15 300元。全部款项已收存银行。

（5）3日，采购员陈雨预借差旅费5 000元，以现金付讫。

（6）6日，用银行存款支付生产车间水电费9 200元。

（7）7日，收到A公司归还前欠货款20 000元，存入银行。

（8）9日，购入不需要安装的设备一台，买价28 000元，增值税额为4 760元，包装费1 200元，运杂费800元，全部款项已用银行存款支付。

（9）15日，用银行存款偿还前欠B公司货款5 000元。

（10）19日，以银行存款支付当月仓库租金2 400元。

（11）22日，以银行存款支付4月短期借款利息5 000元（该企业未预提借款利息）。

【要求】根据以上资料编制收、付款凭证。

2. 练习转账凭证的编制。

【资料】广通公司2016年5月发生以下经济业务：

（1）6日，从益民公司购进甲材料一批，增值税专用发票上记载的货款为80 000元，增值税13 600元。款项尚未支付，材料已验收入库。

（2）9日，接受宏兴公司投资的机器设备一台，价值30 000元。

（3）10日，生产A产品，领用丙材料40 000元。

（4）31日，按规定计提固定资产折旧38 000元。其中，生产车间使用的固定资产应计提折旧费20 000元，公司行政管理部门使用的固定资产应计提折旧费18 000元。

（5）31日，销售丙产品一批给四方公司，售价16 000元，增值税率17%，商品已发出，款项尚未收到。

【要求】根据上述资料编制转账凭证。

3. 练习收、付、转凭证的编制。

【资料】皖江公司2016年6月发生以下经济业务：

（1）4月，收到长江公司公司归还前欠货款200 000元，存入银行。

（2）9日，从大发工厂购入甲材料，含税进价46 800元（税率为17%），货款以商业承兑汇票支付，取得增值税专用发票。材料已验收入库。

（3）11日，从银行提取现金5 200元备用。

（4）16日，销售甲产品一批，含税售价37 440元（税率为17%），收入现金全部送存银行。

（5）22日，车间领甲材料18 000元，用以生产乙产品。

（6）23日，管理人员王某出差回来，报销差旅费2 230元，交回现金270元。

（7）26日，销售给科达公司乙产品一批，含税售价40 014元，税率为17%，款项尚未收到。

（8）29日，以银行存款支付销售经理部电费1 240元、水费480元。

【要求】根据上列经济业务，确定应编制的记账凭证种类并编制记账凭证。

表 5-1　　　　　　　　　　　　　收款凭证

借方科目：　　　　　　　　　　　　　　　　　　　　　　　　　年　　月　　日

摘要	贷方科目		记账	金额
	一级科目	二级或明细科目		
合计				

会计主管　　　　　记账　　　　　出纳　　　　　审核　　　　　制证

表 5-2　　　　　　　　　　　　　付款凭证

贷方科目：　　　　　　　　　　　　　　　　　　　　　　　　　年　　月　　日

摘要	借方科目		记账	金额
	一级科目	二级或明细科目		
合计				

会计主管　　　　　记账　　　　　出纳　　　　　审核　　　　　制证

表 5-3　　　　　　　　　　　　　转账凭证

　　　　　　　　　　　　　　　　　　　　　　　　　　　　　　年　　月　　日

摘要	一级科目	二级或明细科目	记账	借方金额	贷方金额
合计					

会计主管　　　　　记账　　　　　出纳　　　　　审核　　　　　制证

4. 练习通用记账凭证的编制。

【资料】利华公司2015年12月发生以下经济业务：

（1）1日，向利民公司购进A材料一批，货款50 000元，运杂费1 000元，已通过银行存款支付，材料已验收入库，增值税率17%。收到利民公司开具的增值税专用发票和仓库验收入库单。

（2）2日，通过银行支付车间生产用房租金3 400元。

（3）4日，收到长江公司追加的投资150 000元，存入银行。

（4）5日，采购员张俊预借差旅费6 000元，以现金付讫。

（5）8日，仓库发出A材料一批。其中，生产甲产品耗用35 000元，乙产品耗用25 000元，车间一般耗用10 000元，管理部门耗用5 000元。

（6）10日，开出现金支票，从银行提取现金40 000元，备发工资。

（7）10日，以现金40 000元发放职工工资。

（8）11日，向长青公司销售甲产品200件，货款120 000元，增值税20 400元。乙产品150件，价款90 000元，增值税15 300元，款项尚未收到。

（9）12日，收到昌河公司预付的货款70 000元，存入银行。

（10）13日，采购员张俊回公司报销差旅费5 500元，余款以现金交回。

（11）14日，签发现金支票500元，支付行政管理部门办公费用。

（12）15日，向华星公司转账预付材料货款20 000元。

（13）16日，以银行存款4 500元支付产品销售广告费。

（14）18日，购货单位存入包装物押金，收到现金2 000元。

（15）20日，以现金400元支付生产甲产品工人赵申困难补助。

（16）23日，结算本月职工工资，其中生产甲产品工人工资18 000元，生产乙产品工人工资12 000，车间管理人员工资4 000元，企管人员工资6 000元。

（17）25日，转账支付固定资产修理费，其中车间修理费600元，管理部门修理费400元。

（18）28日，经批准，将无法支付的应付账款2 000元转作营业外收入。

（19）29日，计提生产用固定资产折旧3 000元、行政管理部门用固定资产折旧1 200元。

（20）30日，按甲、乙产品生产工人工资比例分配生产车间的制造费用。

（21）30日，甲、乙两种产品无月初月末在产品，计算并结转4月甲、乙完工产品生产成本。

（22）30日，结转已售产品生产成本，甲产品63 000元，乙产品56 000元。

（23）30日，计交本月应交所得税，企业所得税税率为25%。

（24）30日，结转各收支账户于"本年利润"。

（25）30日，提取盈余公积金5 000元。

【要求】根据上述资料编制通用记账凭证。

五、实训题

【资料】阳光公司2016年5月发生以下经济业务：

（1）5日，销售产品，收到购货方签发的转账支票，存入银行。

表 5－4　　　　　　　　　　安徽增值税专用发票　　　　　　　　　No：00952325
3400096218　　　　　　　　　　　记　账　联　　　　　　　开票日期：2016 年 5 月 5 日

购买方	名　　　称：江南金属制品公司 纳税人识别号：340109087456987 地　址、电　话：贵池市中华路 145 号 2567829 开户行及账号：中国工商银行贵池中华路支行 654587000125789	密码区	7＋＋9/42152＊＋129＊864＞　　加密版本：01 63－＜7503＊＜1＞＊/＜3＜＋80 34 00071543 2＋＜＜56894588＞＞＊＊＜2569 5920 －33/65＋5012＊/＞＞92　　　　　00962425

货物或应税劳务名称	规格型号	单位	数量	单价	金额	税率	税额
1#产品		台	10	15 500	155 000.00	17%	26 350.00
合　　　计					¥155 000.00		¥26 350.00

价税合计（大写）	⊗壹拾捌万壹仟叁佰伍拾元整	（小写）　¥181 350.00

销售方	名　　　称：阳光公司 纳税人识别号：400101234567892 地　址、电　话：合肥市黄山路 4688 号 38672356 开户行及账号：中国工商银行合肥黄山路支行 510095000134680	备注	

收款人：略　　　　复核：　　　　　　开票人：　　　　　　销售方：（章）

第一联：记账联　销售方记账凭证

表 5－5　　　　　　　　中国工商银行进账单（收账通知）　　　3
　　　　　　　　　　　　　　　2016 年 5 月 5 日

出票人	全　称	阳光公司	收款人	全　称	江南金属制品公司
	账　号	510095000134680		账　号	654587000125789
	开户银行	工行合肥黄山路支行		开户银行	工行贵池中华路支行

金额	人民币 （大写）	壹拾捌万壹仟叁佰伍拾元整	亿	千	百	十 ¥	万 1	千 8	百 1	十 3	元 5	角 0	分 0

票据种类	转账支票	票据张数	1 张	开户银行签章
票据号码	XIV12576389			

　　　　　　　　　复核　　　　记账

此联是收款人开户银行交给收款人的收账通知

表 5-6　　　　　　　　　　产 品 销 售 出 库 单

购货单位：江南金属制品公司　　2016 年 5 月 5 日

品名	单位	单价	数量	金额	备注
1#产品	台	—	10	—	
合计					
购货方采购员签字：李凌					

记账：略　　　　　　　　　　发货：略　　　　　　　　　　制单：略

二、记账联

（2）11 日，支付前欠货款 200 000 元。

表 5-7　　　　　　　　　　托 收 凭 证（付款通知）

委托日期：2016 年 5 月 11 日　　　　　　　　　　付款期限：2016 年 5 月 13 日

业务类别	委托收款（□邮划　☑电划）　托收承付（□邮划　□电划）														
付款人	全称	阳光公司			收款人	全称	东风板材厂								
	账号	510095000134680				账号	4408005632956482								
	地址	合肥黄山路4688号	开户行	工行黄山路支行		地址	武汉中山路28号	开户行	工行中山路支行						
金额	人民币（大写）贰拾万元整				千	百	十	万	千	百	十	元	角	分	
						¥	2	0	0	0	0	0	0	0	
款项内容	偿还货款	托收凭据名称			附寄单据张数		一张								
商品发运情况					合同名称号码										
备注：付款人开户行收到日期 2016 年 5 月 11 日		付款人开户银行签章 2016 年 5 月 11 日			付款人注意										

此联是付款人开户银行给付款人的按时付款通知

（3）15 日，生产 1#产品领用原材料：U 号板材数量 3 660 千克，G 号钢材 3 154 千克。

表 5-8　　　　　　　　　　产 品 出 库 单

领用单位：生产车间　　　　　　　　　　　　　　　2016 年 5 月 15 日

品名	单位	单价（元）	数量	金额（元）	用途
U 号板材	千克	14.23	3 660	52 081.80	生产领用
G 号板材	千克	5.68	3 154	17 914.72	生产领用
合计				¥69 996.52	

仓管员：略　　　　　　　　　　　　　　经手人：略

二、记账联

（4）16日，厂部办公室张俊出差归来，报销差旅费，退回余款（注：之前预借的差旅费已计入其他应收款中）。

表5-9　　　　　　　　　　　　差　旅　费　报　销　单　　　　　　　　　2016年5月16日

附件：叁拾张

部门名称	厂办公室		出差人		部门领导签字	同意报销。
出差事由	现代企业管理信息化培训班		张俊			王凯
地点	武汉市			出差日期：2015年5月1日至2015年5月10日，共10天		
项目金额	交通工具		市内交通费	住宿费	伙食补助	其他
	火车	汽车				
	¥360.0				400.00	会务费：¥3 500.00
报销总额	人民币（大写）肆仟贰佰陆拾元整					¥4 260.00
预借差旅费	¥5 000.00			补领金额		
				交回余款		¥740.00

单位主管：略　　　财务主管：略　　　审核人：略　　　报销人：张俊　　　出纳：略

表5-10　　　　　　　　　　　　　收　　据　　　　　　　　　　　　　　　　年　月　日

今收到：				
交来：			现金付讫	
人民币（大写）				
收款单位（公章略）		收款人		
		交款人		

第二联　记账联

（5）16日，向银行贷款。

表5-11　　　　　　　　　　　　贷款借据（回单）　　　　　　　　　　　2016年5月16日

贷款单位	阳光公司	账号	020-510095
贷款金额	人民币壹佰万元整　　¥1 000 000.00	还款日期	
银行核定金额	人民币壹佰万元整　　¥1 000 000.00	核定还款日期	2016年5月16日
		实际放款日期	2015年5月16日
贷款到期凭据从本单位存款账户内收回。 阳光公司 财务专用章 2015年5月16日		以上款项已按银行核定金额发放，并收入你单位账号。 中国工商银行合肥黄山路支行 2015-05-16 业务专用章	
还款记录	日期	还款金额	未还金额	记账员

(6) 19日，购入材料，款未付。

表 5-12
4400089540

湖北增值税专用发票　　　　No. 00562236
发 票 联　　　　开票日期：2016 年 5 月 19 日

购买方	名　　称：阳光公司 纳税人识别号：400101234567892 地 址 、电 话：合肥市黄山路 4688 号 38672356 开户行及账号：中国工商银行合肥黄山路支行 510095000134680	密码区	7 + +9/42152 * +129 *864 > 加密版本：01 63 - <7503 * <1 > * / <3 < +8044 00071170 2 + < <56894588 > > * * <25695920 -33/65 +5012 * / > >9200　　　　885463

货物或应税劳务名称	规格型号	单位	数量	单价	金额	税率	税额
U 号板材		千克	5 000	14.23	71 150.00	17%	12 095.50
G 号板材		千克	4 500	5.68	25 560.00	17%	4 345.20
合计					￥96 710.00		￥16 440.70

价税合计（大写）	⊗壹拾壹万叁仟壹佰伍拾元柒角整　　　（小写）￥113 150.70

销售方	名　　称：东风板材厂 纳税人识别号：520201194623564 地 址 、电 话：武汉市中山路 28 号 38826592 开户行及账号：中国工商银行武汉路支行 4408005632956482	备注	（东风板材厂 发票专用章 520201194623564）

收款人：杨乐　　复核：陈光　　开票人：赵燕　　销售方：（章）

第三联：发票联 购买方记账凭证

表 5-13
4400089540

湖北增值税专用发票　　　　No. 00562236
抵 扣 联　　　　开票日期：2016 年 5 月 19 日

购买方	名　　称：阳光公司 纳税人识别号：400101234567892 地 址 、电 话：合肥市黄山路 4688 号 38672356 开户行及账号：中国工商银行合肥黄山路支行 510095000134680	密码区	7 + +9/42152 * +129 *864 > 加密版本：01 63 - <7503 * <1 > * / <3 < +80 4400071170 2 + < <56894588 > > * * <25695920 -33/65 +5012 * / > >9200　　　　885463

货物或应税劳务名称	规格型号	单位	数量	单价	金额	税率	税额
U 号板材		千克	5 000	14.23	71 150.00	17%	12 095.50
G 号板材		千克	4 500	5.68	25 560.00	17%	4 345.20
合计					￥96 710.00		￥16 440.70

价税合计（大写）	⊗壹拾壹万叁仟壹佰伍拾元柒角整　　　（小写）￥113 150.70

销售方	名　　称：东风板材厂 纳税人识别号：520201194623564 地 址 、电 话：武汉中山路 28 号 38826592 开户行及账号：中国工商银行武汉路支行 4408005632956482	备注	（东风板材厂 发票专用章 520201194623564）

收款人：杨乐　　复核：陈光　　开票人：赵燕　　销售方：（章）

第二联：扣税联 购买方扣税凭证

表 5-14　　　　　　　　　　　材　料　入　库　单

2016 年 5 月 21 日

材料名称	计量单位	数量		实际成本					单位成本	备注
		应收	实收	买价		运杂费	其他	合计		
				单价	金额					
U 号板材	千克	5 000	5 000	14.23	71 150.00	—	—	71 150.00	—	

记账：李红　　　　　　　　　　　　收料：黄安　　　　　　　　　　　　制单：周湛

表 5-15　　　　　　　　　　　材　料　入　库　单

2016 年 5 月 21 日

材料名称	计量单位	数量		实际成本					单位成本	备注
		应收	实收	买价		运杂费	其他	合计		
				单价	金额					
G 号板材	千克	4 500	4 500	5.68	25 560.00	—	—	25 560.00	—	

记账：李红　　　　　　　　　　　　收料：黄安　　　　　　　　　　　　制单：周湛

（7）25 日，销售产品，要求签发转账支票、支付代垫运费、办理托收货款和代垫运费手续。

表 5-16　　　　　　　　　　　通达运输公司运费收据

付款单位：阳光公司　　　　　　2016 年 5 月 25 日　　　　　　　　　　No.3648

费用	计量单位	费率	金额	备注
运杂费			1 448.00	
合计			¥1 448.00	
人民币大写：壹仟肆佰肆拾捌元整				

记账：略　　　　　　　　　　　　发货：略　　　　　　　　　　　　制单：略

表5-17

中国工商银行
转账支票存根（粤）
NO 333344

科　目 _____
对方科目 _____
出票日期　年 月 日

收款人：
金　额：
用　途：

单位主管：　会计：

中国工商银行　转账支票

No.769

出票日期（大写）　　年　月　日　　付款行名称：工行合肥黄山路支行

收款人：　　　　　　　　　　　　　出票人账号：

人民币（大写）	千	百	十	万	千	百	十	元	角	分

用途 _____　　　　　　　　　　科目（借）..............
上列款项请从　　　　　　　　　　对方科目（贷）..........
我账户内支付。　　　　　　　　　　转账日期　年　月　日
出票人签章　（略）　　　　　　　　复核（略）　记账（略）

本支票付款期限十天

表 5-18　　　　　　　　托 收 凭 证（付款通知）

委托日期：2016 年 5 月 25 日　　　　　　　　　　　　　　付款期限：2016 年 5 月 28 日

业务类别	委托收款（□邮划　☑电划）　　托收承付（□邮划　□电划）												
付款人	全称	阳光公司			收款人	全称	长江公司						
	账号	510095000134680				账号	654589000134686						
	地址	合肥黄山路4688号	开户行	工行黄山路支行		地址	武汉滨江路188号	开户行	工行中山路支行				
金额	人民币（大写）	玖万贰仟壹佰贰拾叁元整			千	百	十	万	千	百	十	元	角	分
							￥	9	2	1	2	3	0	0
款项内容	货款及运费	托收凭据名称	发票联、抵扣联、运费单		附寄单据张数		3 张						
商品发运情况					合同名称号码								
备注：付款人开户行收到日期　2015 年 5 月 25 日		付款人开户银行签章　2015 年 5 月 25 日			付款人注意：								

此联是付款人开户银行给付款人的按时付款通知

表 5-19　　　　　　　　安徽增值税专用发票　　　　　　　　No 00962142

34 00071140　　　　　　　　记　账　联　　　　　　　开票日期：2015 年 5 月 25 日

购买方	名　　称：长江公司	密码区	7 + +9/42152 * +129 *864 > 加密版本：01
	纳税人识别号：510403476523856		63 - <7503 * <1 > */<3 < +80 4400071170
	地址、电话：武汉市滨江路188号 62478690		2 + < <56894588 > > * * <25695920
	开户行及账号：中国工商银行武汉中山路支行 654589000134686		-33/65 +5012 */> >9200　　885463

货物或应税劳务名称	规格型号	单位	数量	单价	金额	税率	税额
1#产品		台	5	15 500	77 500.00	17%	13 175.00
合计					￥77 500.00		￥13 175.00

价税合计（大写）	⊗玖万零陆佰柒拾伍元整	（小写）￥90 675.00

销售方	名　　称：阳光公司	备注
	纳税人识别号：400101234567892	
	地址、电话：合肥市黄山路4688号 38672356	
	开户行及账号：中国工商银行合肥黄山路支行 51009500134680	

收款人：略　　　复核：略　　　开票人：略　　　销售方：（章）

第一联：记账联 销售方记账凭证

表 5－20　　　　　　　　　　产　品　出　库　单

2016 年 5 月 25 日

名称	单位	数量	金额
1#产品	台	5	—
合计	—	5	—

记账：李红　　　　　　　　　　收料：黄山　　　　　　　　　　制单：周湛

（8）5 月 28 日，收到长江公司支付的价税款及代垫运杂费。

表 5－21　　　　　　　　　　托收凭证（付款通知）

委托日期：2016 年 5 月 25 日　　　　　　　　　　　　　　付款期限：2016 年 5 月 28 日

业务类别	委托收款（□邮划　☑电划）			托收承付（□邮划　□电划）										
付款人	全称	阳光公司		收款人	全称	长江公司								
	账号	510095000134680			账号	654589000134686								
	地址	合肥黄山路4688号	开户行	工行黄山路支行		地址	武汉滨江路188号	开户行	工行中山路支行					
金额	人民币（大写）	玖万贰仟壹佰贰拾叁元整			千	百	十	万	千	百	十	元	角	分
								¥9	2	1	2	3	0	0
款项内容	货款及运费	托收凭据名称	发票联、抵扣联、运费单	附寄单据张数	3 张									
商品发运情况				合同名称号码										
备注	付款人开户行收到日期 2016 年 5 月 25 日	付款人开户银行签章 2016 年 5 月 25 日		付款人注意：										

【要求】根据以上资料，填制原始凭证和通用记账凭证。

习题参考答案

一、单项选择题

1. C　2. C　3. A　4. D　5. A　6. D　7. A　8. C　9. A　10. D　11. D　12. A　13. B
14. B　15. C　16. B　17. B　18. B　19. C　20. B　21. D　22. D　23. A　24. B　25. C
26. D　27. D　28. C　29. C　30. C　31. B

二、多项选择题

1. ABC　2. AD　3. ABD　4. AB　5. BC　6. BD　7. ABCD　8. AB　9. ABCD　10. ABCD
11. ACD　12. ABCD　13. ABCD　14. ABC　15. ABC　16. CD　17. AD　18. ABCD　19. ABC
20. ABCD　21. ABCD　22. AB　23. ABC　24. ACD　25. ABCD

三、判断题

1. × 2. × 3. × 4. √ 5. √ 6. √ 7. √ 8. √ 9. √ 10. × 11. √ 12. ×
13. × 14. √ 15. √

四、练习题

1. 练习收、付款凭证的编制。

（1）借：库存现金　　　　　　　　　　　　　　　　　　　3 000
　　　　贷：银行存款　　　　　　　　　　　　　　　　　　　　3 000
（2）借：制造费用——生产车间　　　　　　　　　　　　　800
　　　　贷：库存现金　　　　　　　　　　　　　　　　　　　　　800
（3）借：银行存款　　　　　　　　　　　　　　　　　　　200 000
　　　　贷：长期借款　　　　　　　　　　　　　　　　　　　　200 000
（4）借：银行存款　　　　　　　　　　　　　　　　　　　105 300
　　　　贷：主营业务收入　　　　　　　　　　　　　　　　　　90 000
　　　　　　应交税费——应交增值税（销项税额）　　　　　　15 300
（5）借：其他应收款——陈雨　　　　　　　　　　　　　5 000
　　　　贷：库存现金　　　　　　　　　　　　　　　　　　　　5 000
（6）借：制造费用——生产车间　　　　　　　　　　　　9 200
　　　　贷：银行存款　　　　　　　　　　　　　　　　　　　　9 200
（7）借：银行存款　　　　　　　　　　　　　　　　　　　20 000
　　　　贷：应收账款——A公司　　　　　　　　　　　　　　20 000
（8）借：固定资产——机器　　　　　　　　　　　　　　34 760
　　　　贷：银行存款　　　　　　　　　　　　　　　　　　　　34 760
（9）借：应付账款——B公司　　　　　　　　　　　　　　5 000
　　　　贷：银行存款　　　　　　　　　　　　　　　　　　　　5 000
（10）借：管理费用——租金　　　　　　　　　　　　　　2 400
　　　　　贷：银行存款　　　　　　　　　　　　　　　　　　　2 400
（11）借：财务费用——利息　　　　　　　　　　　　　　5 000
　　　　　贷：银行存款　　　　　　　　　　　　　　　　　　　5 000

2. 练习转账凭证的编制。

（1）借：原材料——甲材料　　　　　　　　　　　　　　80 000
　　　　　应交税费——应交增值税（进项税额）　　　　　13 600
　　　　贷：应付账款——益民公司　　　　　　　　　　　　　93 600
（2）借：固定资产——设备　　　　　　　　　　　　　　30 000
　　　　贷：实收资本——宏兴公司　　　　　　　　　　　　　30 000
（3）借：生产成本——基本生产成本（A产品）　　　　　40 000
　　　　贷：原材料——丙材料　　　　　　　　　　　　　　　40 000
（4）借：制造费用——生产车间　　　　　　　　　　　　20 000

			管理费用——折旧费	18 000	
			贷：累计折旧		38 000

（5）借：应收账款——四方公司　　　　　　　　　　　　　　　　　18 720
　　　　贷：主营业务收入　　　　　　　　　　　　　　　　　　　　　　　16 000
　　　　　　应交税费——应交增值税（销项税额）　　　　　　　　　　　　 2 720

3. 练习收、付、转凭证的编制。

（1）借：银行存款　　　　　　　　　　　　　　　　　　　　　　　　 200 000
　　　　贷：应收账款——长江公司　　　　　　　　　　　　　　　　　　　200 000

（2）借：原材料——甲材料　　　　　　　　　　　　　　　　　　　　　 40 000
　　　　应交税费——应交增值税（进项税额）　　　　　　　　　　　　 6 800
　　　　贷：应付票据——商业承兑汇票　　　　　　　　　　　　　　　　　 46 800

（3）借：库存现金　　　　　　　　　　　　　　　　　　　　　　　　　 5 200
　　　　贷：银行存款　　　　　　　　　　　　　　　　　　　　　　　　　　5 200

（4）借：银行存款　　　　　　　　　　　　　　　　　　　　　　　　　37 440
　　　　贷：主营业务收入　　　　　　　　　　　　　　　　　　　　　　　　32 000
　　　　　　应交税费——应交增值税（销项税额）　　　　　　　　　　　　 5 440

（5）借：生产成本——基本生产成本（乙产品）　　　　　　　　　　　　 18 000
　　　　贷：原材料——甲材料　　　　　　　　　　　　　　　　　　　　　 18 000

（6）借：管理费用——差旅费　　　　　　　　　　　　　　　　　　　　 2 230
　　　　库存现金　　　　　　　　　　　　　　　　　　　　　　　　　　　270
　　　　贷：其他应收款——王某　　　　　　　　　　　　　　　　　　　　 2 500

（7）借：应收账款——科达公司　　　　　　　　　　　　　　　　　　　40 014
　　　　贷：主营业务收入　　　　　　　　　　　　　　　　　　　　　　　 34 200
　　　　　　应交税费——应交增值税（销项税额）　　　　　　　　　　　　 5 814

（8）借：销售费用——水电费　　　　　　　　　　　　　　　　　　　　 1 720
　　　　贷：银行存款　　　　　　　　　　　　　　　　　　　　　　　　　 1 720

4. 练习通用记账凭证的编制。

（1）借：原材料——A材料　　　　　　　　　　　　　　　　　　　　　 51 000
　　　　应交税费——应交增值税（进项税额）　　　　　　　　　　　　 8 500
　　　　贷：银行存款　　　　　　　　　　　　　　　　　　　　　　　　　 59 500

（2）借：制造费用——基本车间　　　　　　　　　　　　　　　　　　　 3 400
　　　　贷：银行存款　　　　　　　　　　　　　　　　　　　　　　　　　 3 400

（3）借：银行存款　　　　　　　　　　　　　　　　　　　　　　　　　150 000
　　　　贷：实收资本——长江公司　　　　　　　　　　　　　　　　　　　150 000

（4）借：其他应收款——张俊　　　　　　　　　　　　　　　　　　　　 6 000
　　　　贷：库存现金　　　　　　　　　　　　　　　　　　　　　　　　　 6 000

（5）借：生产成本——基本生产成本（甲产品）　　　　　　　　　　　　 35 000

		——基本生产成本（乙产品）	25 000

		制造费用——基本车间	10 000
		管理费用——其他	5 000
		贷：原材料——A 材料	75 000
（6）	借：库存现金		40 000
		贷：银行存款	40 000
（7）	借：应付职工薪酬——工资		40 000
		贷：库存现金	40 000
（8）	借：应收账款——长青公司		245 700
		贷：主营业务收入	210 000
		应交税费——应交增值税（销项税额）	35 700
（9）	借：银行存款		70 000
		贷：预收账款——昌河公司	70 000
（10）	借：管理费用——差旅费		5500
	库存现金		500
		贷：其他应收款——张俊	6 000
（11）	借：管理费用——办公费		1 500
		贷：银行存款	1 500
（12）	借：预付账款——华兴公司		20 000
		贷：银行存款	20 000
（13）	借：销售费用——广告费		4 500
		贷：银行存款	4 500
（14）	借：库存现金		2 000
		贷：其他应付款——存入保证金	2 000
（15）	借：生产成本——基本生产成本（甲产品）		400
		贷：库存现金	400
（16）	借：生产成本——基本生产成本（甲产品）		18 000
		——基本生产成本（乙产品）	12 000
	制造费用——基本车间		4 000
	管理费用——工资		6 000
		贷：应付职工薪酬——工资	40 000
（17）	借：制造费用——基本车间		600
	管理费用——修理费		400
		贷：银行存款	1 000
（18）	借：应付账款		2 000
		贷：营业外收入	2 000
（19）	借：制造费用——基本车间		3 000

	管理费用——折旧费	1 200
	贷：累计折旧	4 200
（20）借：	生产成本——基本生产成本（甲产品）	12 600
	——基本生产成本（乙产品）	8 400
	贷：制造费用——基本车间	21 000
（21）借：	库存商品——甲产品	66 000
	——乙产品	45 400
	贷：生产成本——基本生产成本（甲产品）	66 000
	——基本生产成本（乙产品）	45 400
（22）借：	主营业务成本	119 000
	贷：库存商品——甲产品	63 000
	——乙产品	56 000
（23）借：	所得税费用	17 225
	贷：应交税费——应交所得税	17 225
（24）借：	主营业务收入	210 000
	营业外收入	2 000
	贷：本年利润	212 000
借：	本年利润	143 100
	贷：主营业务成本	119 000
	管理费用	19 600
	销售费用	4 500
	所得税费用	17 225
（25）借：	利润分配——提取盈余公积	5 000
	贷：盈余公积	5 000

五、实训题

根据阳光公司发生的经济业务填制原始凭证和通用记账凭证如下：

(1) 销售产品，收到转账支票。

借：银行存款——工行	181 350.00
贷：主营业务收入	155 000.00
应交税费——应交增值税（销项税额）	26 350.00

(2) 借：应付账款——翡翠公司　　　　　　　　　　　　200 000.00
　　　贷：银行存款——工行　　　　　　　　　　　　　　200 000.00

(3) 借：生产成本——基本生产成本（1#产品）　　　　　69 996.52
　　　贷：原材料——U 号板材　　　　　　　　　　　　　52 081.80
　　　　　　　——G 号钢材　　　　　　　　　　　　　　17 914.72

(4) 借：管理费用——差旅费　　　　　　　　　　　　　4 260.00
　　　库存现金　　　　　　　　　　　　　　　　　　　　740.00

贷：其他应收款——张俊　　　　　　　　　　　　　　　　　　　　　　　　　5 000.00
开具收款收据，收取现金。

表5-7
收　据
2015年5月16日

今收到：厂办张俊			
交来：多余差旅费借款			
人民币（大写）柒佰肆拾元整			￥740.00
收款单位 （公章略）	收款人	略	注：预借差旅费合计￥5 000.00
	交款人	张俊	

第二联：记账联

单位主管：略　　　财务主管：略　　　审核人：略　　　出纳：略

（5）借：银行存款——工行　　　　　　　　　　　　　　　　　　　　　　1 000 000.00
　　　贷：长期贷款　　　　　　　　　　　　　　　　　　　　　　　　　　1 000 000.00
（6）借：原材料——U号板材　　　　　　　　　　　　　　　　　　　　　　 71 150.00
　　　　　　　——G号板材　　　　　　　　　　　　　　　　　　　　　　　 25 560.00
　　　应交税费——应交增值税（进项税额）　　　　　　　　　　　　　　　　 96 710.00
　　　贷：应付账款——东风板材厂　　　　　　　　　　　　　　　　　　　 113 150.70

（7）填写转账支票。

表5-14

中国工商银行
转账支票存根（粤）
NO 333344

科　　目 _____
对方科目 _____
出票日期2016年5月25日

收款人：通达运输公司
金　　额：￥1 448.00

单位主管：　　会计：

中国工商银行　转账支票

No

出票日期（大写）贰零壹陆年伍月贰拾伍日　　付款行名称：工行合肥黄山路支行
收款人：　　　　　　　　　　　　　　　　　出票人账号：

本支票付款期限十天

人民币 （大写）	千	百	十	万	千	百	十	元	角	分
				￥	1	4	4	8	0	0

用途　代垫运杂费
上列款项请从
我账户内支付。
出票人签章　（略）

科目（借）…………
对方科目（贷）………
转账日期　年　月　日
复核　　　　记账

借：应收账款——长江公司　　　　　　　　　　　　　　　　　　　　　　　92 123.00
　　贷：主营业务收入　　　　　　　　　　　　　　　　　　　　　　　　　77 500.00
　　　　应交税费——应交增值税（销项税额）　　　　　　　　　　　　　　　13 175.00
　　　　银行存款——工行　　　　　　　　　　　　　　　　　　　　　　　 1 448.00
（8）借：银行存款——工行　　　　　　　　　　　　　　　　　　　　　　　92 123.00
　　　贷：应收账款——长江公司　　　　　　　　　　　　　　　　　　　　 92 123.00

第六章 会计账簿

一、单项选择题

1. 备查账簿是企业（　　）。
   A. 必设账簿　　　　　　　　B. 根据需要设置
   C. 内部账簿　　　　　　　　D. 外部账簿
2. 下列账户的明细账采用的账页适用于三栏式账页的是（　　）。
   A. 原材料　　　　　　　　　B. 应收账款
   C. 管理费用　　　　　　　　D. 销售费用
3. 总分类账簿一般采用（　　）。
   A. 活页账　　　　　　　　　B. 数量金额式账簿
   C. 订本账　　　　　　　　　D. 卡片账
4. 收入费用明细账一般适用（　　）。
   A. 多栏式明细账　　　　　　B. 三栏式明细账
   C. 数量金额式明细账　　　　D. 平行式明细账
5. 财产物资明细账一般适用（　　）。
   A. 多栏式明细账　　　　　　B. 三栏式明细账
   C. 数量金额式明细账　　　　D. 以上都不是
6. 一般情况下，不需要根据记账凭证登记的账簿是（　　）。
   A. 明细分类账　　　　　　　B. 总分类账
   C. 备查账簿　　　　　　　　D. 特种日记账
7. 从银行提取现金，登记现金日记账的依据是（　　）。
   A. 现金收款凭证　　　　　　B. 现金付款凭证
   C. 银行存款收款凭证　　　　D. 银行存款付款凭证
8. 某会计人员在记账时将记入"银行存款"科目借方的 5100 元误记为 510 元。会计人员在查找该项错账时，应采用的方法是（　　）。
   A. 除 2 法　　　　　　　　　B. 差数法
   C. 尾数法　　　　　　　　　D. 除 9 法
9. 现金和银行存款日记账，据有关凭证（　　）。
   A. 逐日汇总登记　　　　　　B. 定期汇总登记
   C. 逐日逐笔登记　　　　　　D. 一次汇总登记
10. 关于总账账簿登记的依据和方法，下列表述中正确的是（　　）。
    A. 记账凭证逐笔登记　　　　B. 汇总记账凭证定期登记
    C. 取决于采用的会计核算组织形式　　D. 科目汇总表定期登记
11. "应收账款"明细账的格式一般采用（　　）。
    A. 数量金额式　　　　　　　B. 多栏式

C. 订本式 D. 三栏式

12. 多栏式明细账格式一般适用于（　　）。
A. 债权、债务类账户 B. 财产、物资类账户
C. 费用成本类和收入成果类账户 D. 货币资产类账户

13. "原材料"明细账的格式一般采用（　　）。
A. 数量金额式 B. 横线登记式
C. 三栏式 D. 多栏式

14. 按照经济业务发生时间的先后顺序逐日逐笔进行登记的账簿是（　　）。
A. 总分类账簿 B. 序时账簿
C. 备查账簿 D. 明细分类账簿

15. 年度结账时，除结算出本年四个季度的发生额合计数，记入第四季度季结的下一行，在摘要栏注明"本年累计"字样，还应在该行下画（　　）红线。
A. 一道 　　B. 两道 　　C. 三道 　　D. 四道

16. 会计人员在填制记账凭证时将650元错记为560元，并且已登记入账，月末结账时发现此笔错账，更正时应采用的便捷方法是（　　）。
A. 画线更正法 B. 红字更正法
C. 补充登记法 D. 核对账目的方法

17. 如果发现记账凭证所用的科目正确，只是所填金额大于应填金额，并已登记入账，则应采用（　　）更正。
A. 画线更正法 B. 红字更正法
C. 平行登记法 D. 补充登记法

18. 会计账簿按（　　）分类，分为序时账、分类账、备查账。
A. 用途 B. 性质
C. 格式 D. 外形

19. 下列项目中，（　　）是连接会计凭证和会计报表的中间环节。
A. 复式记账 B. 设置会计科目和账户
C. 设置和登记账簿 D. 编制会计分录

20. 能够序时反映企业某一类经济业务会计信息的账簿是（　　）。
A. 总分类账 B. 明细分类账
C. 备查账 D. 日记账

21. 一般情况下，不需根据记账凭证登记的账簿是（　　）。
A. 总分类账 B. 明细分类账
C. 备查账 D. 日记账

22. 下列明细账分类账中，可以采用多栏式格式的是（　　）。
A. 应付账款明细分类账 B. 原材料明细分类账
C. 库存商品明细分类账 D. 管理费用明细分类账

23. 下列项目中，可以采用卡片式格式的是（　　）。
A. 库存现金日记账 B. 库存商品明细账
C. 制造费用明细账 D. 固定资产明细账

24. 启用账簿时，不能在扉页上书写的是（　　）。
    A. 单位名称　　　　　　　　　　　B. 账簿名称
    C. 账户名称　　　　　　　　　　　D. 启用日期

25. 登记账簿时，错误的做法是（　　）。
    A. 文字和数字的书写占格距的 1/2　　B. 使用圆珠笔书写
    C. 用红字冲销错误记录　　　　　　D. 在发生的空页上注明"此页空白"

26. 在记账凭证没有错误而在登记账簿时发生错误导致账簿记录错误的情况下，应该采用（　　）。
    A. 划线更正法　　　　　　　　　　B. 红字冲销法
    C. 补充登记法　　　　　　　　　　D. 重新登记法

27. 下列不属于账账核对内容的是（　　）。
    A. 总账有关账户的余额核对　　　　B. 总账与明细账核对
    C. 总账与日记账核对　　　　　　　D. 会计账簿记录与原始凭证核对

28. 用转账支票归还前欠 A 公司货款 50 000 元，会计人员编制的记账凭证为：借记应收账款 50 000 元，贷记银行存款 50 000 元，审核并已登记入账，该记账凭证（　　）。
    A. 没有错误　　　　　　　　　　　B. 有错误，应使用划线更正法更正
    C. 有错误，应使用红字冲销法更正　D. 有错误，应使用补充登记法更正

29. 企业的结账时间应为（　　）。
    A. 每项经济业务登账后　　　　　　B. 每日终了时
    C. 一定时期终了时　　　　　　　　D. 会计报表编制后

30. 下列账簿中不必每年进行更换的是（　　）。
    A. 应收账款明细账　　　　　　　　B. 短期贷款明细账
    C. 固定资产明细账　　　　　　　　D. 长期投资明细账

31. 登记账簿时，正确的做法是（　　）。
    A. 文字或数字的书写必须占满格　　B. 书写可以使用蓝黑墨水、圆珠笔或铅笔
    C. 用红字冲销错误记录　　　　　　D. 发生的空行、空页一定要补充书写

32. 对账时，账账核对不包括（　　）。
    A. 总账各账户的余额核对　　　　　B. 总账与明细账之间的核对
    C. 总账与备查账簿之间的核对　　　D. 总账与日记账的核对

33. 错账更正时，划线更正法的适用范围是（　　）。
    A. 记账凭证中会计科目或借贷方向错误，导致账簿记录错误
    B. 记账凭证正确，登记账簿时发生文字或数字错误
    C. 记账凭证中会计科目或借贷方向正确，所记金额大于应记金额，导致账簿记录错误
    D. 记账凭证中会计科目或借贷方向正确，所记金额小于应记金额，导致账簿记录错误

34. 采用补充登记法，是因为（　　）导致账簿记录错误。
    A. 记账凭证上会计科目错误
    B. 记账凭证上记账方向错误
    C. 记账凭证上会计科目和记账方向正确，所记金额小于应记金额
    D. 记账凭证上会计科目和记账方向正确，所记金额大于应记金额

35. 结账时，应当划通栏双红线的是（　　）。
A. 12月末结出全年累计发生额后　　B. 各月末结出全年累计发生额后
C. 结出本季累计发生额后　　D. 结出当月发生额后

二、多项选择题

1. 任何会计主体都必须设置的账簿有（　　）。
A. 日记账簿　　B. 备查账簿
C. 总分类账簿　　D. 明细分类账簿
2. 明细分类账的账页格式一般有（　　）。
A. 三栏式　　B. 数量金额式
C. 多栏式　　D. 以上都不是
3. 在账簿记录中，红笔只能适用（　　）。
A. 错账更正　　B. 冲账
C. 结账　　D. 登账
4. 错账更正的方法有（　　）。
A. 红字更正法　　B. 划线更正法
C. 补充登记法　　D. 挖补法
5. 登记银行存款日记账的依据为（　　）。
A. 银行存款收款凭证　　B. 银行存款付款凭证
C. 部分现金收款凭证　　D. 部分现金付款凭证
6. 多栏式明细账的账页格式一般适用于（　　）进行的明细核算。
A. 资产类账户　　B. 收入类账户
C. 费用类账户　　D. 成本类账户
7. 账簿按填制的程序和用途可分为（　　）。
A. 日记账　　B. 分类账　　C. 备查账　　D. 订本账
8. 下列可采用划线更正法的是（　　）。
A. 在结账前，发现记账凭证无误，但登账时金额有笔误
B. 结账时，计算的期末余额有错误
C. 发现记账凭证金额错误，并已登记入账
D. 发现记账凭证金额错误，原始凭证无误，记账凭证尚未登记入账
9. 下列账簿中不能采用卡片式账簿的有（　　）。
A. 现金日记账　　B. 固定资产
C. 总分类账　　D. 明细分类账
10. 明细分类账可以根据（　　）登记。
A. 原始凭证　　B. 记账凭证
C. 科目汇总表　　D. 经济合同
11. 必须采用订本式账簿的有（　　）。
A. 原材料明细账　　B. 现金日记账
C. 银行存款日记账　　D. 应付账款明细账
E. 总分类账

12. "红字更正法"适用于（　　）。
A. 记账前，发现记账凭证上的文字或数字有误
B. 记账后，发现原记账凭证上应借、应贷科目填错
C. 记账后，发现原记账凭证上所填金额小于应填金额
D. 记账后，发现原记账凭证上所填金额大于应填金额
E. 账簿上的数字计算错误

13. 下列错误中，可以通过试算平衡发现的有（　　）。
A. 借方发生额大于贷方发生额　　　B. 应借、应贷科目颠倒
C. 借方余额小于贷方余额　　　　　D. 漏记一项经济业务
E. 重记一项经济业务

14. 对账的主要内容有（　　）。
A. 账簿资料的内外核对　　　　　　B. 账证核对
C. 账账核对　　　　　　　　　　　D. 账实核对

15. 三栏式明细账格式适用于（　　）。
A. "应收账款"明细账　　　　　　　B. "生产成本"明细账
C. "应付账款"明细账　　　　　　　D. "制造费用"明细账

16. 在会计账簿登记中，可以用红色墨水记账的有（　　）。
A. 更正会计科目和金额同时错误的记账凭证
B. 登记减少数
C. 未印有余额方向的，在"余额"栏登记相反方向数额
D. 更正会计科目正确，多记金额的记账凭证

17. 下列说法正确的是（　　）。
A. 登记会计账簿时，应当做到数字准确、摘要清楚
B. 账簿中书写的文字和数字上要留有适当空格
C. 登记账簿时要用蓝黑墨水或者碳素墨水书写
D. 各种账簿应按页次顺序连续登记

18. 能够详细反映某一类经济业务增减变动的会计账簿是（　　）。
A. 总分类账　　　　　　　　　　　B. 明细分类账
C. 备查账　　　　　　　　　　　　D. 序时账

19. 下列项目中，应当建立备查账的是（　　）。
A. 租入的固定资产　　　　　　　　B. 接受外单位的捐赠
C. 委托加工材料登记簿　　　　　　D. 无形资产

20. 会计账簿的基本构成包括（　　）。
A. 封面　　　　　　　　　　　　　B. 扉页
C. 使用说明　　　　　　　　　　　D. 账页

21. 启用会计账簿时，在账簿扉页上应当附启用表，其内容包括（　　）。
A. 启用日期　　　　　　　　　　　B. 记账人员和会计机构负责人姓名
C. 记账人员和会计机构负责人名章　D. 单位公章

22. 下列符合登记会计账簿基本要求的是（　　）。

A. 文字和数字的书写应占格距的 1/3
B. 不得使用圆珠笔书写
C. 应连续登记，不得跳行、隔页
D. 无余额的账户，在"借或贷"栏内写"0"

23. 下列项目中，可以采用数量金额式格式的是（　　）。
A. 银行存款日记账　　　　　　　B. 应收账款明细分类账
C. 库存商品明细分类账　　　　　D. 材料明细分类账

24. 下列项目中，可以采用三栏式格式的是（　　）。
A. 应收账款明细分类账　　　　　B. 长期借款明细分类账
C. 实收资本明细分类账　　　　　D. 库存现金日记账

25. 下列适合采用多栏式明细分类账的有（　　）。
A. 应收账款明细分类账　　　　　B. 管理费用明细分类账
C. 生产成本明细分类账　　　　　D. 制造费用明细分类账

26. 错账的更正方法包括（　　）。
A. 划线更正法　　　　　　　　　B. 直接涂改法
C. 红字冲销法　　　　　　　　　D. 补充登记法

27. 对账的内容包括（　　）。
A. 账实核对　　　　　　　　　　B. 账证核对
C. 账账核对　　　　　　　　　　D. 账款核对

28. 结账的种类包括（　　）。
A. 月结　　　　　　　　　　　　B. 季结
C. 年结　　　　　　　　　　　　D. 日结

29. 下列明细账中不宜采用数量金额式的有（　　）。
A. 产成品——A 产品　　　　　　B. 原材料——甲材料
C. 财务费用　　　　　　　　　　D. 应付账款——N 公司

30. 对账时，账实核对包括（　　）。
A. 库存现金日记账账面余额与库存现金实际库存数相核对
B. 银行存款日记账账面余额与银行对账单相核对
C. 各种财务明细账账面余额与财务实存数额相核对
D. 总账与日记账核对

31. 必须逐日结出余额的账簿是（　　）。
A. 库存现金总账　　　　　　　　B. 银行存款总账
C. 库存现金日记账　　　　　　　D. 银行存款日记账

32. 结账时正确的做法是（　　）。
A. 结出当月发生额的，在"本月合计"下面通栏画单红线
B. 结出本年累计发生额的，在"本年累计"下面通栏画单红线
C. 12 月末，结出全年累计发生额的，在下面通栏画单红线
D. 12 月末，结出全年累计发生额的，在下面通栏画双红线

33. 收回货款 1 500 元存入银行，记账凭证误填为 15 000 元，并已入账，错误的更正

方法是（　　）。
  A. 采用划线更正法更正
  B. 用蓝字借记"银行存款"，贷记"应收账款"
  C. 用蓝字借记"应收账款"，贷记"银行存款"
  D. 用红字借记"银行存款"，贷记"应收账款"

三、判断题

  1. 序时账簿和分类账簿可结合在一本账簿中进行登记。（　　）
  2. 会计年度终了，应将活页账装订成册，活页账一般只适用于总分类账。（　　）
  3. 总分类账的登记，可以根据记账凭证登记，也可以根据科目汇总表或汇总记账凭证登记。（　　）
  4. 日记账是逐笔序时登记的，故月末不必与总账进行核对。（　　）
  5. 对于记账过程中的数字错误，若个别数码错误，采用划线更正法时，只将错误划去并填上正确数码即可。（　　）
  6. 在结账前，若发现登记的记账凭证科目有错误，必须用划线更正法予以更正。（　　）
  7. "原材料"账户的明细核算通常采用三栏式明细账。（　　）
  8. 现金日记账和银行存款日记账必须采用订本式账簿。（　　）
  9. 总分类账对明细分类账起着统驭作用。（　　）
  10. 总账只进行金额核算，提供价值指标，不提供实物指标；而明细账有的只提供价值指标，有的既提供价值指标，又提供实物指标。（　　）
  11. 多栏式明细账格式适用有关费用、成本和收入、成果等科目。（　　）
  12. 会计人员根据记账凭证登账时，误将2 000元记为200元，更正这种错误应采用红字更正法。（　　）
  13. 在会计核算中，红笔一般只在画线、改错、冲账和表示负数金额时使用。（　　）
  14. 库存现金日记账的借方是根据收款凭证登记的，贷方是根据付款凭证登记的。（　　）
  15. 账簿与账户的关系是形式和内容的关系，账户是形式，账簿是内容。（　　）
  16. 登记账簿不得使用圆珠笔（银行复写账簿除外），但可以使用铅笔。（　　）
  17. 总分类账必须采用订本式的三栏式账簿。（　　）
  18. 启用日期属于账页的基本内容。（　　）
  19. 库存商品适合采用多栏明细账的格式。（　　）
  20. 期末对账时，也包括账证核对，即会计账簿与原始凭证、记账凭证核对。（　　）
  21. 结账工作建立在持续经营的前提下。（　　）
  22. 会计账簿暂由本单位财务会计部门保管半年，期满后，交由档案部门保管。（　　）
  23. 备查账簿需要每年更换一次。（　　）
  24. 总账账户平时只需要结出月末余额，年终结账时，将总账账户结出全年发生额和年末余额，并在合计数下通栏画双红线。（　　）
  25. 对需要按月进行月结的账簿，结账时，应在"本月合计"字样下面通栏画单红线，而不是画双红线。（　　）

26. 登记账簿时，发生的空行、空页一定要补充书写，不得注销。（   ）

四、业务题

【目的】练习三栏式库存现金日记账和银行存款日记账的登记方法。

【资料】2016 年 6 月，广州太阳公司"库存现金"借方余额为 3 200 元，"银行存款"借方余额为 45 000 元。该公司 6 月发生以下经济业务：

（1）6 月 2 日，从银行借入为期 6 个月的借款 100 000 元，存入银行。

（2）6 月 3 日，从本市红光公司购进甲材料 60 吨，单价 400 元，货款 24 000 元，货款已用支票支付，材料已验收入库。

（3）6 月 4 日，以银行存款偿还前欠红星公司货款 14 600 元。

（4）6 月 5 日，用现金支付 3 日所购材料的运杂费 400 元。

（5）6 月 6 日，职工王放出差借差旅费 2 000 元，经审核开出现金支票。

（6）6 月 8 日，从银行提取现金 15 000 元，以备发放职工工资。

（7）6 月 10 日，以现金 15 000 元发放职工工资。

（8）6 月 12 日，以现金 500 元支付职工困难补助。

（9）6 月 15 日，销售商品 40 吨，单价 800 元，货款已收到。

（10）6 月 18 日，用银行存款支付销售商品所发生的费用 600 元。

（11）6 月 25 日，收到华夏公司前欠货款 18 000 元，存入银行。

（12）6 月 26 日，职工王放出差回来报销差旅费 1 900 元，余额退回。

（13）6 月 30 日，用银行存款 28 000 元交纳税金。

【要求】

1. 根据上述资料编制会计分录，并按经济业务的顺序编号（为简化核算，不考虑增值税）。

2. 设置"库存现金日记账"和"银行存款日记账"，登记并结出发生额和余额。

五、实训题

【目的】练习错账的更正方法。

实训一

东方公司 2016 年 8 月发生以下错账：

（1）8 日，管理人员张一出差，预借差旅费 1 000 元，用现金支付，原编记账凭证的会计分录为：

借：管理费用   1 000
　　贷：库存现金   1 000

该笔业务已登记入账。

（2）18 日，用银行存款支付前欠 A 公司货款 11 700 元，原编记账凭证会计分录为：

借：应付账款——A 公司   11 700
　　贷：银行存款   11 700

会计人员在登记"应付账款"账户时，将"11 700"元误写为"1 170"。

（3）30 日，企业计算本月应交所得税 34 000 元，原编记账凭证会计分录为：

借：所得税费用   3 400

        贷：应交税费   3 400
该笔业务已登记入账。
【要求】
1. 说明以上错账应采用的更正方法。
2. 对错账进行更正。

实训二
甲企业会计人员在结账前进行对账时，查找出以下错账：
（1）用银行存款预付建造固定资产的工程价款（通过"在建工程"核算）86 000元，编制的会计分录为：
　　借：在建工程   86 000
　　　　贷：银行存款   86 000
在过账时，"在建工程"账户记录为68 000元。
（2）用库存现金支付职工生活困难补助（通过"应付职工薪酬"核算）300元，编制的会计分录为：
　　借：管理费用   300
　　　　贷：库存现金   300
（3）计提车间生产用固定资产折旧（涉及累计折旧和制造费用账户）3 500元，编制的会计分录为：
　　借：制造费用   35 000
　　　　贷：累计折旧   35 000
（4）用库存现金支付工人工资45 000元，编制的会计分录为：
　　借：应付职工薪酬   4 500
　　　　贷：库存现金   4 500
【要求】
1. 指出对上述错账应采用何种更正方法。
2. 编制错账更正的会计分录。

习题参考答案

一、单项选择题
1. B 2. B 3. C 4. A 5. C 6. C 7. D 8. D 9. C 10. C 11. D 12. C 13. A
14. B 15. B 16. C 17. B 18. A 19. C 20. B 21. C 22. D 23. D 24. C 25. B
26. A 27. D 28. C 29. C 30. C 31. C 32. C 33. B 34. C 35. A

二、多项选择题
1. ACD 2. ABC 3. ABC 4. ABC 5. ABCD 6. BCD 7. ABC 8. AB 9. AC 10. AB
11. BCE 12. BD 13. AC 14. BCD 15. AC 16. ABCD 17. ABCD 18. AB 19. AC
20. ABD 21. ACD 22. BC 23. CD 24. ABCD 25. BD 26. ACD 27. ABC 28. ABC
29. CD 30. ABC 31. CD 32. AD 33. CD

三、判断题

1. √ 2. × 3. √ 4. × 5. × 6. × 7. × 8. √ 9. √ 10. √ 11. √ 12. √
13. √ 14. × 15. × 16. × 17. √ 18. × 19. × 20. √ 21. × 22. × 23. ×
24. × 25. √ 26. ×

四、业务题

1. 相关会计分录：

（1）借：银行存款　　　　　　　　　　　　　　　　　100 000
　　　贷：短期借款　　　　　　　　　　　　　　　　　　　　　100 000
（2）借：原材料　　　　　　　　　　　　　　　　　　24 000
　　　贷：银行存款　　　　　　　　　　　　　　　　　　　　　24 000
（3）借：应付账款　　　　　　　　　　　　　　　　　14 600
　　　贷：银行存款　　　　　　　　　　　　　　　　　　　　　14 600
（4）借：原材料　　　　　　　　　　　　　　　　　　　　400
　　　贷：库存现金　　　　　　　　　　　　　　　　　　　　　　　400
（5）借：其他应收款　　　　　　　　　　　　　　　　2 000
　　　贷：库存现金　　　　　　　　　　　　　　　　　　　　　　2 000
（6）借：库存现金　　　　　　　　　　　　　　　　　15 000
　　　贷：银行存款　　　　　　　　　　　　　　　　　　　　　15 000
（7）借：应付职工薪酬　　　　　　　　　　　　　　　15 000
　　　贷：库存现金　　　　　　　　　　　　　　　　　　　　　15 000
（8）借：应付职工薪酬　　　　　　　　　　　　　　　　　500
　　　贷：库存现金　　　　　　　　　　　　　　　　　　　　　　　500
（9）借：银行存款　　　　　　　　　　　　　　　　　32 000
　　　贷：主营业务收入（营业收入）　　　　　　　　　　　　　32 000
（10）借：销售费用　　　　　　　　　　　　　　　　　　600
　　　 贷：银行存款　　　　　　　　　　　　　　　　　　　　　　600
（11）借：银行存款　　　　　　　　　　　　　　　　18 000
　　　 贷：应收账款　　　　　　　　　　　　　　　　　　　　　18 000
（12）借：管理费用　　　　　　　　　　　　　　　　 1 900
　　　　 库存现金　　　　　　　　　　　　　　　　　　 100
　　　 贷：其他应收款——王放　　　　　　　　　　　　　　　 2 000
（13）借：应交税费　　　　　　　　　　　　　　　　28 000
　　　 贷：银行存款　　　　　　　　　　　　　　　　　　　　　28 000

2. 登记账簿（略）。

五、实训题

实训一

东方公司：

（1）红字更正法。

更正：首先用红字填写一张与原错误凭证相同的记账凭证，用于冲销原错误凭证。
借：管理费用　　　　　　　　　　　　　　　　　　　　　　　1 000
　　贷：库存现金　　　　　　　　　　　　　　　　　　　　　　　1 000
然后，用蓝字填写一张正确的记账凭证。
借：其他应收款　　　　　　　　　　　　　　　　　　　　　　1 000
　　贷：库存现金　　　　　　　　　　　　　　　　　　　　　　　1 000
最后，再根据这两张凭证登记账簿。
（2）划线更正法。
将错误金额划掉，在错误金额上面填写正确金额（金额全部划掉，不能只划错误数字）。
（3）补充登记法。
将少记金额编制一张记账凭证。
借：所得税费用　　　　　　　　　　　　　　　　　　　　　　30 600
　　贷：应交税费　　　　　　　　　　　　　　　　　　　　　　　30 600
然后根据记账凭证登记账簿。

实训二

甲企业：
（1）更正：划线更正法。
（2）更正：红字冲销法。
借：管理费用　　　　　　　　　　　　　　　　　　　　　　　　300
　　贷：库存现金　　　　　　　　　　　　　　　　　　　　　　　　300
编写正确的分录如下：
借：应付职工薪酬　　　　　　　　　　　　　　　　　　　　　　300
　　贷：库存现金　　　　　　　　　　　　　　　　　　　　　　　　300
（3）更正：红字冲销多记金额。
借：制造费用　　　　　　　　　　　　　　　　　　　　　　　31 500
　　贷：累计折旧　　　　　　　　　　　　　　　　　　　　　　　31 500
（4）更正：补充登记法。
借：应付职工薪酬　　　　　　　　　　　　　　　　　　　　　40 500
　　贷：库存现金　　　　　　　　　　　　　　　　　　　　　　　40 500

第七章　财产清查

一、单项选择题

1. 在实地盘存制下，对各项财产物资的增减情况，平时在会计账簿中（　　）。
   A. 只登记增加数　　　　　　　　B. 只登记减少数
   C. 既登记增加数，又登记减少数　　D. 只登记余额
2. 对于库存现金的清查，采用的清查方法是（　　）。
   A. 实地盘点法　　　　　　　　　B. 技术推算法
   C. 函证法　　　　　　　　　　　D. 账目核对法
3. 对应收款项的清查，应采用的方法是（　　）。
   A. 实地盘点法　　　　　　　　　B. 账目核对法
   C. 技术推算法　　　　　　　　　D. 永续盘存法
4. 对存货和固定资产的清查，应将清查结果登记在（　　）上。
   A. 入库单　　　　　　　　　　　B. 出库单
   C. 盘存单　　　　　　　　　　　D. 领料单
5. 出纳人员每日营业结束，对库存现金的盘点属于（　　）。
   A. 全面和定期清查　　　　　　　B. 局部和定期清查
   C. 全面和临时清查　　　　　　　D. 局部和临时清查
6. 采用永续盘存制，企业对各项财产物资的增减情况，平时在会计账簿中（　　）。
   A. 只登记增加数　　　　　　　　B. 只登记减少数
   C. 既登记增加数，又登记减少数　　D. 只登记余额
7. 下列情况中，需要进行全面清查的是（　　）。
   A. 年终决算时　　　　　　　　　B. 出纳人员更换时
   C. 现金短缺时　　　　　　　　　D. 出现未达账项时
8. 技术推算法适用的财产物资清查包括（　　）。
   A. 库存现金　　　　　　　　　　B. 存货
   C. 银行存款　　　　　　　　　　D. 应收、应付款项
9. 产生未达账项的原因是（　　）。
   A. 双方记账有误　　　　　　　　B. 双方记账时间不一致
   C. 双方登账时间不一致　　　　　D. 双方对账时间不一致
10. 银行存款的清查，主要是指（　　）之间的核对。
    A. 银行存款日记账与银行对账单
    B. 银行存款日记账与银行存款总分类账
    C. 银行存款日记账与银行收、付款凭证

D. 银行存款总分类账与银行收、付款凭证

11. 企业银行存款日记账与银行对账单的核对，属于（　　）。
    A. 账实核对　　　　　　　　　　B. 账证核对
    C. 账账核对　　　　　　　　　　D. 账表核对

12. 在记账无误的情况下，银行对账单与银行存款日记账账面余额不一致是（　　）。
    A. 应付账款造成的　　　　　　　B. 未达账项造成的
    C. 坏账损失造成的　　　　　　　D. 应收账款造成的

13. 固定资产盘盈记入（　　）账户的贷方。
    A. 待处理财产损溢　　　　　　　B. 营业外收入
    C. 以前年度损益调整　　　　　　D. 利润分配——未分配利润

14. 开展财产清查的目的是要达到（　　）。
    A. 账账相符　　　　　　　　　　B. 账实相符
    C. 账证相符　　　　　　　　　　D. 账表相符

15. 现金盘点后，据以填制现金溢缺记账凭证的原始凭证是（　　）。
    A. 现金收入日报表　　　　　　　B. 现金盘点报告表
    C. 现金支出日报表　　　　　　　C. 盘存单

16. 实地盘存制与永续盘存制的主要区别是（　　）。
    A. 是否在平时登记财产物资的增加数　　B. 是否在平时登记财产物资的减少数
    C. 是否在平时登记财产物资的余额　　　D. 是否对财产物资的盈亏进行账务处理

17. "银行存款余额调节表"的作用是（　　）。
    A. 调节企业"银行存款日记账"余额
    B. 调节"银行对账单"余额
    C. 核对企业和银行的账簿记录
    D. 更正银行存款日记账错误

18. "现金盘点报告表"应由（　　）。
    A. 会计签章方能生效　　　　　　B. 出纳人员签章方能生效
    C. 盘点人员签章方能生效　　　　D. 出纳人员和盘点人员同时签章方能生效

19. 盘亏及毁损的存货中属于由责任者赔偿的部分，经批准后应记入（　　）。
    A. "管理费用"账户的借方　　　　B. "其他应收款"账户的借方
    C. "营业外收入"账户的借方　　　D. "营业外支出"账户的借方

20. 账存实存对比表是调整账面记录的（　　）。
    A. 原始凭证　　　　　　　　　　B. 记账凭证
    C. 转账凭证　　　　　　　　　　D. 累计凭证

二、多项选择题

1. 按财产清查的对象和范围进行划分，财产清查可分为（　　）。
   A. 全面清查　　　　　　　　　　B. 局部清查
   C. 实地清查　　　　　　　　　　D. 临时清查

2. 下列财产可以采用实地盘存方法的有（　　）。
   A. 库存现金　　　　　　　　　B. 存货
   C. 银行存款　　　　　　　　　D. 固定资产
3. 财产清查按其清查的时间不同，可以分为（　　）。
   A. 定期清查　　　　　　　　　B. 不定期清查
   C. 月末清查　　　　　　　　　D. 年末清查
4. 账目核对法一般适用于（　　）。
   A. 库存现金　　　　　　　　　B. 银行存款
   C. 存货　　　　　　　　　　　D. 应收应付款
5. 下列情况中，需要进行全面清查的有（　　）。
   A. 年终决算时　　　　　　　　B. 单位撤销、合并
   C. 更换仓库保管员　　　　　　D. 单位主要负责人调离工作
6. 银行存款日记账余额与银行对账单余额往往不一致的原因是（　　）。
   A. 银行记账错误　　　　　　　B. 企业记账错误
   C. 未达账项造成的　　　　　　D. 对账错误
7. 不定期清查，一般是在（　　）时进行。
   A. 财产保管员变动　　　　　　B. 企业财产被盗
   C. 自然灾害造成部分财产损失　D. 年终决算
8. 在财产清查之前需做的准备工作有（　　）。
   A. 将所有的业务登记入账　　　B. 准备好计量器具
   C. 将各种财产物资码放整齐　　D. 结出有关账簿余额
9. 下列属于未达账项的是（　　）。
   A. 企业已收、银行未收款　　　B. 企业已付、银行未付款
   B. 银行已收、企业未收款　　　D. 银行已付、企业未付款
10. 财产清查中的原始凭证主要有（　　）。
   A. 盘存单　　　　　　　　　　B. 现金盘点报告表
   C. 实存账存对比表　　　　　　D. 银行存款余额调节表

三、判断题

1. 银行存款的清查，主要是将银行存款日记账与总账进行核对。（　　）
2. 未达账项是造成企业银行存款日记账余额与银行对账单余额不等的唯一原因。（　　）
3. 产生未达账项的原因是企业记账错误，可按错账更正方法进行更正。（　　）
4. 在永续盘存制下，各财产物资明细账只登记增加数，不登记减少数。（　　）
5. 财产清查的范围只包括存放在本单位的财产物资，不包括存放在其他单位的财产物资。（　　）
6. 对货币资金、存货等流动性较大的财产物资进行清查，一般采用全面清查的方法。（　　）

7. 定期清查一般是在会计期末进行的，可以是全面清查，也可以是局部清查。（   ）

8. 对于未达账项，会计人员可以根据银行存款余额调节表登记入账。（   ）

9. 采用实地盘点法得出的盘点数字准确可靠，适用于对所有财产物资的清查。（   ）

10. 对库存现金的清查，属于定期清查和局部清查。（   ）

四、综合练习题

习题一

【目的】练习银行存款余额调节表的编制方法。

【资料】华泰公司2016年3月31日银行存款日记账的余额为186 900元，银行对账单余额为175 700元，经逐笔核对后，发现未达账项如下：

（1）企业收到一张46 500元的转账支票，企业已入账，银行尚未入账。

（2）银行代扣本企业电话费12 800元，银行已入账，企业尚未入账。

（3）企业开出转账支票购买材料14 600元，企业已入账，银行尚未入账。

（4）某商场汇入本企业购货款33 500元，银行已入账，企业尚未入账。

【要求】根据以上资料，编制银行存款余额调节表。

习题二

【目的】练习库存现金清查结果的处理。

【资料】华泰公司2016年11月进行财产清查，库存现金的清查结果如下：

现金日记账账面余额1 850元，实存现金1 730元。

【要求】

1. 根据以上资料，作库存现金清查结果批准前和批准后的账务处理。

2. 如果清查结果实存现金为1 980元，作库存现金清查结果批准前和批准后的账务处理。

习题三

【目的】练习材料和固定资产清查结果的账务处理。

【资料】华泰公司2016年12月对原材料和固定资产的清查结果如下：

（1）盘亏一台设备，原价60 000元，已提折旧48 000元。

（2）甲材料账面结存1 500千克，实际结存1 550千克，单价13元，系收发不准确造成。

（3）乙材料账面结存1 200千克，实际结存1 020千克，单价19元，系自然灾害造成，保险公司同意赔偿1 500元，其余由企业承担。

（4）丙材料账面结存850千克，实际结存830千克，单价15元，系保管人员失职造成，应由其赔偿。

【要求】根据以上资料，作财产清查结果批准前和批准后的处理。

五、综合实训

【目的】练习财产清查结果的账务处理。

【资料】

1. 华泰公司2016年底对原材料进行财产清查后，根据盘存单和有关账簿记录编制"账存实存对比表"，有关表格如下：

表7-1　　　　　　　　　　　　　　　账存实存对比表
2016年12月

名称及规格	计量单位	单价（元）	实存数 数量	实存数 金额	账面数 数量	账面数 金额	对比结果（元）盘盈	对比结果（元）盘亏	备注
A材料	千克	5.00	1 200	6 000	1 400	7 000		1 000	系自然灾害造成
B材料	千克	2.50	2 200	5 500	2 100	5 250	250		系收发计量不准造成
C材料	件	5.00	1 200	6 000	1 350	6 750		750	系管理不善造成

会计主管：　　　　　　　　　　　　　　记账：　　　　　　　　　　　　　　制单：

表7-2　　　　　　　　　　　　　　　原材料盘点表
单位名称：华泰公司　　　　　　　　　盘点时间：2016年12月31日
财产类别：原料及主要材料　　　　　　存放地点：　　　　　　　　　　　金额单位：元

编号	名称	规格	计量单位	数量	单价	金额	备注
	A材料		千克	1 200	5.00	6 000	
	B材料		千克	2 200	2.50	5 500	
	C材料		件	1 200	5.00	6 000	

盘点人：柳青　　　　　　　　　　　　　　　　　　　　　　　　　　保管人：陈国

表7-3　　　　　　　　　　　　　　　原材料明细账（A材料）
材料类别：　　　　　　　　　　　　　计量单位：千克
材料名称：A材料　　　　　　　　　　储备定额：
材料规格：　　　　　　　　　　　　　存放地点：4号库　　　　　　　　　第　　页

2015年 月	2015年 日	凭证 字	凭证 号	摘要	收入 数量	收入 单价	收入 金额	发出 数量	发出 单价	发出 金额	结存 数量	结存 单价	结存 金额
12	1			期初余额							1 000	5.00	5 000
	1	转	2	入库	200	5.00	1 000				1 200	5.00	6 000
	7	转	12	入库	300	5.00	1 500				1 500	5.00	7 500
	15	转	20	发出				500	5.00	2 500	1 000	5.00	5 000
	20	转	27	入库	400	5.00	2 000				1 400	5.00	7 000
	31			本期发生额	900	5.00	4 500	500	5.00	2 500	1 400	5.00	7 000

表 7-4　　　　　　　　　　　　　　原材料明细账（B 材料）

材料类别：　　　　　　　　　　　计量单位：千克
材料名称：B 材料　　　　　　　　储备定额：
材料规格：　　　　　　　　　　　存放地点：4 号库　　　　　　　　　　　　第　　页

2015 年		凭证		摘要	收入			发出			结存		
月	日	字	号		数量	单价	金额	数量	单价	金额	数量	单价	金额
12	1			期初余额							1 000	2.50	2 500
	2	转	4	入库	400	2.50	900				1 400	2.50	3 500
	10	转	12	入库	500	2.50	1 250				1 900	2.50	4 750
	15	转	21	发出				800	5.00	4 000	1 100	2.50	2 750
	24	转	29	入库	1 000	2.50	2 500				2 100	2.50	5 250
	31			本期发生额	1 900	2.50	4 750	800	5.00	4 000	2 100	2.50	5 250

表 7-5　　　　　　　　　　　　　　原材料明细账（C 材料）

材料类别：　　　　　　　　　　　计量单位：千克
材料名称：C 材料　　　　　　　　储备定额：
材料规格：　　　　　　　　　　　存放地点：4 号库　　　　　　　　　　　　第　　页

2015 年		凭证		摘要	收入			发出			结存		
月	日	字	号		数量	单价	金额	数量	单价	金额	数量	单价	金额
12	1			期初余额							700	5	3 500
	2	转	4	入库	200	5	1 000				900	5	4 500
	10	转	12	发出				600	5	3 000	300	5	1 500
	15	转	20	入库	400	5	1 000				700	5	3 500
	24	转	27	入库	650	5	3 250				1 350	5	6 750
	31			本期发生额	1 250	5	5 250	600	5	300	1 350	5	6 750

2. 上列盘盈、盘亏报经审批后予以转销，批复意见如下：

（1）因自然灾害损毁的材料，由保险公司赔偿80%，尚未收款，余者列营业外支出。

（2）计量差错和自然升溢列费用。

（3）因管理不善造成的损失，由保管员赔偿5%，余者列费用。

【要求】

1. 进一步明确对财产清查中发现的盘盈、盘亏等情况应分两步进行账务处理。

2. 根据经济业务编制会计分录，登记在记账凭证用纸上。

习题参考答案

一、单选题：

1. A   2. A   3. B   4. C   5. B   6. C   7. A   8. B   9. B   10. A   11. A   12. B   13. C   14. B   15. B   16. B   17. C   18. D   19. B   20. A

二、多选题

1. AB   2. ABD   3. AB   4. BD   5. ABD   6. ABC   7. ABC   8. ABCD   9. ABCD   10. ABC

三、判断题

1. ×   2. ×   3. ×   4. ×   5. ×   6. ×   7. √   8. ×   9. ×   10. √

四、综合练习题

习题一

银行存款余额调节表
2016 年 3 月 31 日

项目	金额	项目	金额
企业银行存款日记账余额	186 900	银行对账单余额	175 700
加：银行已收，企业未收款项	33 500	加：企业已收，银行未收的款项	46 500
减：银行已付，企业未付项	12 800	减：企业已付，银行未付款项	14 600
调节后余额	207 600	调节后余额	207 600

习题二

1. 批准前：

   借：待处理财产损溢——待处理流动资产损溢　　　　　　　　　　120
   　　贷：库存现金　　　　　　　　　　　　　　　　　　　　　　　　120

   批准后：

   借：管理费用　　　　　　　　　　　　　　　　　　　　　　　　120
   　　贷：待处理财产损溢——待处理流动资产损溢　　　　　　　　　　120

2. 批准前：

   借：库存现金　　　　　　　　　　　　　　　　　　　　　　　　130
   　　贷：待处理财产损溢——待处理流动资产损溢　　　　　　　　　　130

   批准后：

   借：待处理财产损溢——待处理流动资产损溢　　　　　　　　　　130
   　　贷：营业外收入　　　　　　　　　　　　　　　　　　　　　　　130

习题三

1. 批准前：

借：待处理财产损溢——待处理固定资产损溢　　　　12 000
　　　累计折旧　　　　　　　　　　　　　　　　　48 000
　　　贷：固定资产　　　　　　　　　　　　　　　　　　　60 000
批准后：
借：营业外支出　　　　　　　　　　　　　　　　12 000
　　　贷：待处理财产损溢——待处理固定资产损溢　　　　　12 000

2. 批准前：
借：原材料——甲材料　　　　　　　　　　　　　650
　　　贷：待处理财产损溢——待处理流动资产损溢　　　　　650
批准后：
借：待处理财产损溢——待处理流动资产损溢　　　650
　　　贷：管理费用　　　　　　　　　　　　　　　　　　　650

3. 批准前：
借：待处理财产损溢——待处理流动资产损溢　　　3 420
　　　贷：原材料——乙材料　　　　　　　　　　　　　　　3 420
批准后：
借：其他应收款——保险公司　　　　　　　　　　1 500
　　　营业外支出　　　　　　　　　　　　　　　1 920
　　　贷：待处理财产损溢——待处理流动资产损溢　　　　　3 420

4. 批准前：
借：待处理财产损溢——待处理流动资产损溢　　　300
　　　贷：原材料——丙材料　　　　　　　　　　　　　　　300
批准后：
借：其他应收款——××　　　　　　　　　　　　300
　　　贷：待处理财产损溢——待处理流动资产损溢　　　　　300

五、综合实训（略）

第八章 财务会计报告

一、单项选择题

1. 企业持有一年内到期的持有至到期投资应在资产负债表的（　　）项目列示。
   A. 其他非流动资产
   B. 持有至到期投资
   C. 流动资产类下单设"一年内到期的非流动资产"
   D. 交易性金融资产

2. 某日，华泰公司的负债为 7 455 万元、非流动资产合计为 4 899 万元、所有者权益合计为 3 000 万元，则当日该公司的流动资产合计应当为（　　）万元。
   A. 2 556   B. 4 455
   C. 1 899   D. 5 556

3. 下列各项中，属于资产负债表采用的格式是（　　）。
   A. 报告式   B. 多步式
   C. 账户式   D. 数量金额式

4. 下列各项中，在编制资产负债表时，需根据若干总账科目余额相加计算填列的项目是（　　）。
   A. 应收账款   B. 固定资产
   C. 货币资金   D. 预付账款

5. 下列各项中，影响营业利润的是（　　）。
   A. 管理费用   B. 生产费用
   C. 营业外收入   D. 所得税费用

6. 下列各项中，属于静态报表的是（　　）。
   A. 资产负债表   B. 利润表
   C. 现金流量表   D. 所有者权益变动表

7. 下列各项中，不可以填入资产负债表"存货"项目的是（　　）。
   A. 库存商品   B. 工程物资
   C. 在途物资   D. 生产成本

8. 资产负债表中，资产的排列顺序依据的是（　　）。
   A. 流动性   B. 非流动性
   C. 金额的大小   D. 重要性

9. 下列属于企业月度报表的是（　　）。
   A. 资产负债表   B. 利润表
   C. 现金流量表   D. A 报表和 B 报表

10. 依据《企业会计准则》，我国的资产负债表采用（　　）格式。
    A. 账户式　　　　　　　　　　　　　B. 报告式
    C. 单步骤式　　　　　　　　　　　　D. 多步骤式

11. 下列资产负债表项目中，不可以根据总账科目的余额直接填列的是（　　）。
    A. 长期借款　　　　　　　　　　　　B. 短期借款
    C. 应付票据　　　　　　　　　　　　D. 应付股利

12. 利润表是反映企业（　　）的报表。
    A. 特定日期财务状况　　　　　　　　B. 一定时期财务状况
    C. 特定日期经营成果　　　　　　　　D. 一定时期经营成果

13. 会计报表编制的主要依据是（　　）。
    A. 原始凭证　　　　　　　　　　　　B. 记账凭证
    C. 账簿记录　　　　　　　　　　　　D. 汇总原始凭证

14. 某企业资产负债表月末有关项目如下：流动资产100万元，长期股权投资150万元，固定资产200万元，无形资产80万元，流动负债130万元，非流动负债180万元。则该企业资产负债表中，所有者权益的总额是（　　）万元。
    A. 130　　　　　　　　　　　　　　　B. 200
    C. 220　　　　　　　　　　　　　　　D. 400

15. 现金流量表是企业重要的会计报表之一，其反映的内容是（　　）。
    A. 经营成果及其构成　　　　　　　　B. 财务状况情况
    C. 所有者权益总额及其构成情况　　　D. 现金流量情况

16. 下列各项中，不影响企业营业利润的是（　　）。
    A. 销售费用　　　　　　　　　　　　B. 管理费用
    C. 财务费用　　　　　　　　　　　　D. 制造费用

17. 下列各项中不在利润表"营业税金及附加"项目反映的是（　　）。
    A. 消费税　　　　　　　　　　　　　B. 城市维护建设税
    C. 营业税　　　　　　　　　　　　　D. 增值税

18. 会计报表中没有规定统一格式的报表是（　　）。
    A. 内部报表　　　　　　　　　　　　B. 静态报表
    C. 动态报表　　　　　　　　　　　　D. 合并报表

19. 下列资产负债表项目，需要根据有关总账和所属的明细账户期末余额分析填列的是（　　）。
    A. 预收账款　　　　　　　　　　　　B. 应收股利
    C. 应付利息　　　　　　　　　　　　D. 应付票据

20. 下列各项中，不属于企业对外提供的报表是（　　）。
    A. 资产负债表　　　　　　　　　　　B. 利润表
    C. 现金流量表　　　　　　　　　　　D. 产品成本计算表

21. 资产负债表中，负债及所有者权益项目一般按（　　）顺序排列。
    A. 项目的重要性　　　　　　　　　　B. 项目的支付性大小

C. 项目的金额大小   D. 项目的求偿权先后

22. 下列项目中，需要根据几个账户的期末余额合计数计算填列的是（   ）。
    A. 短期借款   B. 长期股权投资
    C. 货币资金   D. 实收资本

23. 某企业营业收入300万元，营业成本200万元，管理费用20万元，财务费用10万元，销售费用5万元，投资收益2万元，营业外收入8万元，则填入利润表中的营业利润是（   ）万元。
    A. 60   B. 67
    C. 75   D. 78

24. 依照《企业会计准则》的规定，我国企业的利润表采用（   ）。
    A. 报告式   B. 账户式
    C. 单步式   D. 多步式

25. 某企业期末"应付账款"明细科目的借方余额为15万元，贷方余额为25万元，"预付账款"期末借方余额为18万元，贷方余额为17万元，在期末的资产负债表中，"应付账款"和"预付账款"项目的金额分别是（   ）。
    A. 33万元、42万元   B. 10万元、1万元
    C. 25万元、18万元   D. 40万元、35万元

二、多项选择题

1. 下列各项中，属于企业应当在财务报表的显著位置披露的有（   ）。
    A. 编报企业的名称
    B. 人民币金额单位
    C. 资产负债表日或财务报表涵盖的会计期间
    D. 财务报表是合并财务报表的，应当予以标明

2. 下列应该包括在资产负债表存货项目中的是（   ）。
    A. 工程物资   B. 在途物资
    C. 生产成本   D. 周转材料

3. 财务会计报告的使用者通常包括（   ）。
    A. 投资者   B. 社会公众
    C. 债权人   D. 政府及相关机构

4. 关于财务会计报告的表述，下列各项中正确的有（   ）。
    A. 资产负债表反映财务状况，是动态报表
    B. 利润表反映经营成果，是动态报表
    C. 现金流量表反映现金流量，是动态报表
    D. 会计报表附注是对会计报表项目的补充说明

5. 企业的会计报表主要包括（   ）。
    A. 资产负债表   B. 利润表
    C. 现金流量表   D. 所有者权益变动表

6. 填制资产负债表"应付账款"项目时,应考虑（　　）账户的余额。
   A. 应付账款　　　　　　　　　B. 预付账款
   C. 应收账款　　　　　　　　　D. 预收账款

7. 下列各项中,影响企业营业利润的有（　　）。
   A. 管理费用　　　　　　　　　B. 财务费用
   C. 制造费用　　　　　　　　　D. 所得税费用

8. 在资产负债表中,"货币资金"项目反映的内容有（　　）。
   A. 库存现金　　　　　　　　　B. 银行存款
   C. 其他货币资金　　　　　　　D. 其他应收款

9. 下列项目期末如有余额,应填列在资产负债表"存货"项目的是（　　）。
   A. 原材料　　　　　　　　　　B. 库存商品
   C. 在途物资　　　　　　　　　D. 工程物资

10. 下列项目中,可以根据其总账账户的余额直接填列在资产负债表中的是（　　）。
    A. 短期借款　　　　　　　　　B. 应付股利
    C. 应收股利　　　　　　　　　D. 应收账款

11. 下列各项中,应填列在利润表中的有（　　）。
    A. 制造费用　　　　　　　　　B. 生产成本
    C. 主营业务成本　　　　　　　D. 管理费用

12. 财务会计报告可以提供企业（　　）的信息。
    A. 财务状况　　　　　　　　　B. 经营成果
    C. 现金流量　　　　　　　　　D. 劳动状况

13. 在企业的利润表中,反映企业利润的指标有（　　）。
    A. 营业利润　　　　　　　　　B. 利润总额
    C. 净利润　　　　　　　　　　D. 投资利润

14. 会计报表按其编制时间的不同,可以分为（　　）。
    A. 月度报表　　　　　　　　　B. 季度报表
    C. 半年度报表　　　　　　　　D. 年度报表

15. 通过资产负债表,可以了解到企业的（　　）。
    A. 资产的构成情况　　　　　　B. 负债及所有者权益的构成情况
    C. 偿债能力　　　　　　　　　D. 获利能力

16. 从利润表中,可以分析出企业的（　　）信息。
    A. 经营业绩　　　　　　　　　B. 获利能力
    C. 投入资本的保值增值情况　　D. 偿债能力

三、判断题

1. 资产负债表是一种静态报表,应根据有关账户的期末余额直接填列。（　　）

2. 资产负债表是反映某一特定时期财务状况的会计报表。（　　）

3. 中期是指短于一个完整的会计年度的报告期间,如月度、季度和半年度。（　　）

4. 企业对外提供的各种报表是互不联系的独立报表。（ ）
5. 在资产负债表中，资产类项目是按其流动性大小的顺序进行排列的。（ ）
6. 根据《企业会计准则》的规定，企业的年度报表应于年度终了后 4 个月内对外提供，而月度报表应于月度终了后 30 日内对外提供。（ ）
7. 企业对外提供的财务会计报告，应当由企业的负责人和主管会计工作的负责人、会计机构负责人签名并盖章。（ ）
8. 为了保证会计报表编制的及时性，企业可以适当提前结账。（ ）
9. 利润表中"本期金额"栏的数字，均是根据各损益类账户的本期发生额填列。（ ）
10. 编制会计报表的主要目的就是为报表使用者进行决策提供信息。（ ）
11. 资产负债表中的"未分配利润"项目与"利润分配"总账的年末余额不一定相等。（ ）
12. 内部会计报表的编制时间、内容和格式均由企业根据需要自行决定，不受国家统一会计制度规定的约束。（ ）
13. 资产负债表中各项目资料均来自于账簿记录和记账凭证。（ ）
14. 资产负债表反映企业一定时期的财务状况，而利润表则反映企业一定时期的经营成果。（ ）
15. 企业对外提供的财务报表，在设置总会计师的单位，由总会计师签名即可，不用加盖单位公章。（ ）

四、练习题

习题一

【目的】练习资产负债表中"应收账款""预付账款""应付账款""预收账款"项目的填列。

【资料】华泰公司 2016 年 6 月 30 日有关账户的余额见表 10-1。

表 10-1　　　　　　　　　　　有关账户余额　　　　　　　　　　单位：元

总账科目	明细科目	借方余额	贷方余额
应收账款	甲公司	400 000	
	乙公司		20 000
预收账款	丙公司		360 000
	丁公司	120 000	
应付账款	A 公司	140 000	
	B 公司		700 000
	C 公司	40 000	
预付账款	D 公司	220 000	
	E 公司		60 000

【要求】根据所给资料,计算资产负债表中的"应收账款""预付账款""应付账款""预收账款"项目的金额。

习题二

【目的】练习资产负债表中有关项目的计算。

【资料】华泰公司 2016 年 4 月 30 日有关总账科目的余额见表 10-2。

表 10-2　　　　　　　　　　　总账科目的余额　　　　　　　　　　　　单位:元

总账科目	借方余额	贷方余额
库存现金	2 000	
银行存款	350 000	
在途物资	120 000	
原材料	200 000	
生产成本	60 000	
库存商品	250 000	
长期借款		200 000
其中:一年内到期的长期借款		50 000

【要求】计算资产负债表中"货币资金""存货""长期借款"项目的金额。

习题三

【目的】练习资产负债表各项目之间的关系。

【资料】华泰公司 2016 年 12 月 31 日,资产负债表的有关资料见表 10-3。

表 10-3　　　　　　　　　　　　　资产负债表

编制单位:华泰公司　　　　　　　2016 年 12 月 31 日　　　　　　　　　单位:元

资产	期末余额	年初余额	负债及所有者权益	年末余额	期初余额
流动资产			流动负债		
库存现金	21 000	20 000	短期借款	300 000	300 000
银行存款	299 000	280 000	应付账款	60 000	( )
应收账款	( )	90 000	应交税费	40 000	30 000
存货	380 000	( )	流动负债合计	( )	( )
长期待摊费用	20 000	30 000	长期负债		
流动资产合计	( )	( )	长期借款	250 000	200 000
固定资产			负债合计	( )	( )
固定资产原值	720 000		所有者权益		
累计折旧	200 000	150 000	实收资本	300 000	300 000

续表

资产	期末余额	年初余额	负债及所有者权益	年末余额	期初余额
固定资产净值	( )	400 000	盈余公积	370 000	170 000
			所有者权益合计	670 000	470 000
资产总计	( )	( )	负债及所有者权益总计	1320 000	1120 000

该企业期末资产总额比期初多200 000元，年末流动资产是流动负债的2倍。

【要求】根据上述资料，计算并填制资产负债表括号内的有关数字。

五、实训题

实训一

【目的】练习资产负债表的编制。

【资料】华泰公司2016年5月31日有关总账科目的余额见表10-4。

表10-4　　　　　　　　　　　总账科目余额　　　　　　　　　　　单位：元

账户名称	借方金额	账户名称	贷方金额
库存现金	30 000	短期借款	200 000
银行存款	520 000	应付票据	290 000
其他货币资金	26 000	应付账款	366 000
交易性金融资产	20 000	其他应付款	140 000
应收票据	350 000	应付职工薪酬	101 000
应收账款	248 000	应付利息	20 000
预付账款	150 000	应交税费	60 000
其他应收款	20 000	长期借款	2 500 000
在途物资	30 000	其中：一年内到期的长期借款	1 500 000
原材料	550 000	实收资本	4 000 000
周转材料	130 000	资本公积	500 000
库存商品	1 200 000	盈余公积	500 000
固定资产	5 520 000	未分配利润	880 000
累计折旧	-60 000		
长期股权投资	23 000		
在建工程	300 000		
无形资产	500 000		
合计	9 557 000	合计	9 557 000

【要求】根据上述资料，编制华泰公司2016年5月的资产负债表。

实训二

【目的】练习利润表的编制。

【资料】华泰公司2016年5月有关损益类账户的发生额见表10-5。

表10-5　　　　　　　　　　损益类账户的发生额　　　　　　　　　　单位：元

账户名称	借方发生额	贷方发生额
主营业务收入		496 000
其他业务收入		98 000
投资收益		6 000
营业外收入		6 800
主营业务成本	326 000	
其他业务成本	80 000	
营业税金及附加	3 600	
管理费用	16 000	
财务费用	1600	
销售费用	12 000	
营业外支出	2 400	
所得税费用	38 000	

【要求】根据上述资料，编制华泰公司2016年5月的利润表。

习题参考答案

一、单项选择题

1. C　2. A　3. C　4. C　5. A　6. A　7. B　8. A　9. D　10. A　11. A　12. D　13. C　14. C　15. D　16. D　17. D　18. A　19. A　20. D　21. D　22. C　23. B　24. C　25. A

二、多项选择题

1. ABCD　2. BCD　3. ABCD　4. BCD　5. ABCD　6. AB　7. AB　8. ABC　9. ABC　10. ABC　11. CD　12. ABCD　13. ABC　14. ABCD　15. ABC　16. AB

三、判断题

1. ×　2. ×　3. √　4. ×　5. √　6. ×　7. √　8. ×　9. ×　10. ×　11. ×　12. √　13. ×　14. ×　15. ×

四、练习题

习题一

应收账款 = 400 000 + 120 000 = 520 000（元）

预付账款 = 140 000 + 220 000 = 360 000（元）

应付账款 = 700 000 + 60 000 = 760 000（元）

预收账款 = 360 000 + 20 000 = 380 000（元）

习题二

货币资金 = 2 000 + 350 000 = 352 000（元）

存货 = 120 000 + 200 000 + 60 000 + 250 000 = 630 000（元）

长期借款 = 200 000 − 50 000 = 150 000（元）

习题三

表 10 − 3　　　　　　　　　　　　　资产负债表

编制单位：华泰公司　　　　　2016 年 12 月 31 日　　　　　　　　　　　　　单位：元

资产	期末余额	年初余额	负债及所有者权益	年末余额	期初余额
流动资产			流动负债		
库存现金	21 000	20 000	短期借款	300 000	300 000
银行存款	299 000	280 000	应付账款	60 000	(120 000)
应收账款	(80 000)	90 000	应交税费	40 000	30 000
存货	380 000	(150 000)	流动负债合计	(400 000)	(450 000)
长期待摊费用	20 000	30 000	长期负债		
流动资产合计	(800 000)	(570 000)	长期借款	250 000	200 000
固定资产			负债合计	(650 000)	(650 000)
固定资产原值	720 000	550 000	所有者权益		
累计折旧	200 000	150 000	实收资本	300 000	300 000
固定资产净值	(520 000)	400 000	盈余公积	370 000	170 000
			所有者权益合计	670 000	470 000
资产总计	(1 320 000)	(1 120 000)	负债及所有者权益总计	1 320 000	1 120 000

五、实训题

实训一

资产负债表

会企 01 表

编制单位：　　　　　　　　　2016 年 5 月 31 日　　　　　　　　　　　　　单位：元

资产	期末余额	年初余额	负债和所有者权益 （或股东权益）	期末余额	年初余额
流动资产：			流动负债：		
货币资金	576 000		短期借款	200 000	
交易性金融资产	20 000		交易性金融负债		

续表

资产	期末余额	年初余额	负债和所有者权益（或股东权益）	期末余额	年初余额
应收票据	350 000		应付票据	290 000	
应收账款	248 000		应付账款	366 000	
预付款项	150 000		预收款项		
应收利息			应付职工薪酬	101 000	
应收股利			应交税费	60 000	
其他应收款	20 000		应付利息	20 000	
存货	1 910 000		应付股利		
一年内到期的非流动资产			其他应付款	140 000	
其他流动资产			一年内到期的非流动负债	1 500 000	
流动资产合计	3 274 000		其他流动负债		
非流动资产：			流动负债合计		
可供出售金融资产			非流动负债：		
持有至到期投资			长期借款	1 000 000	
长期应收款			应付债券		
长期股权投资	23 000		长期应付款		
投资性房地产			专项应付款		
固定资产	5 460 000		预计负债		
在建工程	300 000		递延所得税负债		
工程物资			其他非流动负债		
固定资产清理			非流动负债合计		
生产性生物资产			负债合计		
油气资产			所有者权益（或股东权益）：		
无形资产	500 000		实收资本（或股本）	4 000 000	
开发支出			资本公积	500 000	
商誉			减：库存股		
长期待摊费用			盈余公积	500 000	
递延所得税资产			未分配利润	880 000	
其他非流动资产			所有者权益（或股东权益）合计	5 880 000	
非流动资产合计					
资产总计	9 557 000		负债和所有者权益（或股东权益）总计	9 557 000	

实训二

利润表

会企 02 表

编制单位：华泰公司　　　　　　　201×年5月　　　　　　　单位：元

项目	本期金额	上期金额
一、营业收入	594 000	
减：营业成本	406 000	
营业税金及附加	3 600	
销售费用	1 600	
管理费用	16 000	
财务费用	12 000	
资产减值损失		
加：公允价值变动收益（损失以"-"号填列）		
投资收益（损失以"-"号填列）	6 000	
其中：对联营企业和合营企业的投资收益		
二、营业利润（亏损以"-"号填列）		
加：营业外收入	6 800	
减：营业外支出	2 400	
其中：非流动资产处置损失		
三、利润总额（亏损总额以"-"号填列）		
减：所得税费用	38 000	
四、净利润（净亏损以"-"号填列）		
五、每股收益		
（一）基本每股收益		
（二）稀释每股收益		

第九章 会计核算程序

一、单项选择题

1. 各种账务处理程序的主要区别是（　　）。
   A. 填制会计凭证的依据和方法不同　　B. 登记总账的依据和方法不同
   C. 登记明细账的依据和方法不同　　　D. 设置日记账的格式不同

2. 直接根据记账凭证逐笔登记总分类账的账务处理程序是（　　）。
   A. 日记总账账务处理程序　　　　　　B. 多栏式日记账账务处理程序
   C. 记账凭证核算形式　　　　　　　　D. 通用日记账账务处理程序

3. 汇总记账凭证核算形式下，总分类账账页的格式一般采用（　　）。
   A. 数量金额式　　　　　　　　　　　B. 三栏式
   C. 两栏式　　　　　　　　　　　　　D. 多栏式

4. 规模小、业务简单、使用会计科目少的单位一般采用（　　）。
   A. 记账凭证核算形式　　　　　　　　B. 汇总记账凭证核算形式
   C. 科目汇总表核算形式　　　　　　　D. 日记总账账务处理程序

5. 目前，我国所采用的账务处理程序中最基本的是（　　）。
   A. 记账凭证核算形式　　　　　　　　B. 科目汇总表核算形式
   C. 汇总记账凭证核算形式　　　　　　D. 多栏式日记账账务处理程序

6. 下列凭证中，不能用来登记总分类账的是（　　）。
   A. 原始凭证　　　　　　　　　　　　B. 记账凭证
   C. 科目汇总表　　　　　　　　　　　D. 汇总记账凭证

7. 科目汇总表核算形式的特点是（　　）。
   A. 根据记账凭证登记总账　　　　　　B. 根据科目汇总表登记总账
   C. 根据汇总记账凭证登记总账　　　　D. 根据多栏式日记账登记总账

8. 科目汇总表核算形式一般适用于（　　）的企业。
   A. 规模小、业务量小　　　　　　　　B. 规模小、业务量多
   C. 规模大、业务量小　　　　　　　　D. 规模大、业务量多

9. 汇总收款凭证是根据汇总的（　　）而编制的。
   A. 记账凭证　　　　　　　　　　　　B. 收款凭证
   C. 付款凭证　　　　　　　　　　　　D. 转账凭证

10. 汇总付款凭证根据现金、银行存款科目的（　　）设置，按借方汇总，定期编制。
    A. 借方　　　　　　　　　　　　　　B. 贷方
    C. 借方和贷方　　　　　　　　　　　D. 借方或贷方

11. 汇总转账凭证根据转账凭证按每个科目的贷方设置，按（　　）汇总，定期编制。
   A. 借方　　　　　　　　　　　　B. 贷方
   C. 借方和贷方　　　　　　　　　D. 借方或贷方

12. 记账凭证账务处理程序的缺点是（　　）。
   A. 反映账户之间的对应关系　　　B. 清晰明了，便于理解
   C. 便于查账　　　　　　　　　　D. 登记总账的工作量大

13. 汇总记账凭证记账程序的主要缺点在于（　　）。
   A. 不利于会计分工　　　　　　　B. 不能反映经济业务的来龙去脉
   C. 不能保持科目之间的对应关系　D. 便于查账

14. 汇总记账凭证核算形式适用于（　　）的企业。
   A. 规模较小、经济业务不多　　　B. 规模较大、经济业务不多
   C. 规模较小、经济业务较多　　　D. 规模较大、经济业务较多

15. 科目汇总表记账程序的主要缺点是不能反映出账户的（　　）。
   A. 借方发生额　　　　　　　　　B. 贷方发生额
   C. 对应关系　　　　　　　　　　D. 期末贷方和借方余额

二、多项选择题

1. 汇总记账凭证根据贷方设置，按借方汇总定期编制的是（　　）。
   A. 汇总原始凭证　　　　　　　　B. 汇总收款凭证
   C. 汇总付款凭证　　　　　　　　D. 汇总转账凭证

2. 汇总记账凭证核算形式的主要优点是（　　）。
   A. 减少登记总账的工作量　　　　B. 手续简便
   C. 可以进行试算平衡　　　　　　D. 能够反映科目的对应关系

3. 以记账凭证为依据、按科目贷方设置、借方归类汇总的汇总记账凭证的编制方法有（　　）。
   A. 汇总收款凭证　　　　　　　　B. 汇总付款凭证
   C. 汇总转账凭证　　　　　　　　D. 科目汇总表
   E. 多栏式日记账

4. 在采用汇总记账凭证记账程序时，编制记账凭证的一般要求包括（　　）。
   A. 收款凭证为一借多贷　　　　　B. 付款凭证为多借一贷
   C. 转账凭证为多借一贷　　　　　D. 转账凭证为一借多贷
   E. 收付转凭证必须为一借一贷

5. 在采用科目汇总表记账程序时，对会计人员分工较细的单位，为便于各科目的分工汇总，以及科目汇总表的编制，所填制的记账凭证应符合的要求是（　　）。
   A. 收款凭证为一借多贷　　　　　B. 付款凭证为一贷多借
   C. 转账凭证为一贷多借　　　　　D. 收、付、转凭证均为一借一贷
   E. 转账凭证为一借一贷且复写一式两份

6. 科目汇总表能够（　　）。
   A. 起到试算平衡的作用　　　　　B. 反映各科目借、贷方的本期发生额
   C. 反映各科目之间的对应关系　　D. 反映各科目的期末余额
   E. 简化登记总账的工作量
7. 在汇总记账凭证记账程序中，登记明细账的依据可以是（　　）。
   A. 原始凭证　　　　　　　　　　B. 原始凭证汇总表
   C. 收、付、转记账凭证　　　　　D. 汇总收、付、转账凭证
   E. 记账凭证汇总表
8. 合理、适用的会计记账程序，应适应的要求包括（　　）。
   A. 本单位的经济活动特点　　　　B. 组织规模大小
   C. 业务繁简程度　　　　　　　　D. 提高工作效率
   E. 便于计算对比
9. 在汇总记账凭证记账程序下，应设置的凭证有（　　）。
   A. 汇总收、付款凭证　　　　　　B. 收、付款凭证
   C. 转账凭证及汇总转账凭证　　　D. 记账凭证汇总表
   E. 通用记账凭证
10. 各种账务处理程序的相同之处有（　　）。
    A. 根据原始凭证编制原始凭证汇总表
    B. 根据原始凭证或原始凭证汇总表编制记账凭证
    C. 根据记账凭证和有关原始凭证登记各种明细分类账
    D. 根据记账凭证逐笔登记总分类账
    E. 根据总分类账和明细分类账的记录编制会计报表

三、判断题

1. 会计核算程序是记账和产生会计信息的步骤和方法。（　　）
2. 记账凭证记账程序适用于规模较大、业务量较多的单位。（　　）
3. 在记账凭证记账程序下，记账凭证可以选用收款凭证、付款凭证和转账凭证三种格式，也可以选用通用式一种。（　　）
4. 科目汇总表记账程序的优点是采用科目汇总表登记分类账，简化了总分类账的登记工作，并且能反映账户之间的对应关系。（　　）
5. 科目汇总表记账程序与汇总记账凭证记账程序的共性是均需要对会计凭证进行汇总，并根据汇总的结果登记总分类账户。（　　）
6. 汇总记账凭证核算形式可以明确地反映科目对应关系，反映经济业务的来龙去脉，便于分析、检查和核对账目。（　　）
7. 由于各企业的业务性质、规模大小、业务繁简各有不同，所以它们所采用的会计记账程序也有所不同。（　　）
8. 同一个企业可以同时采用几种不同的会计记账程序。（　　）
9. 采用科目汇总表核算形式，总分类账、明细分类账及日记账都应该根据科目汇总

表登记。（　　）。

10. 记账凭证核算形式是最基本的账务处理程序。（　　）
11. 记账凭证核算形式是适合于任何一种企业的账务处理程序。（　　）
12. 目前，我国各企业单位所采用的账务处理程序主要有三种，其中科目汇总表核算形式是最基本的形式。（　　）
13. 科目汇总表核算形式不利于分析、检查、核对账目。（　　）
14. 科目汇总表核算形式一般适用于规模小、业务量少的企业单位。（　　）
15. 汇总收款凭证根据现金、银行存款科目的贷方设置，按借方汇总。（　　）
16. 汇总付款凭证根据现金、银行存款科目的借方设置，按贷方汇总。（　　）
17. 汇总转账凭证根据转账凭证的贷方设置，并按对应的借方科目归类汇总。（　　）

四、练习题

【目的】练习科目汇总表会计核算形式。

【资料】利华公司2016年12月总账期初余额见表9-1。

表9-1　　　　　　　　利华公司2016年12月总账期初余额

借方科目	金额	贷方科目	金额
库存现金	5 000	短期借款	200 000
银行存款	144 411	应付票据	100 000
应收票据	60 000	应付账款	300 000
应收账款	110 000	预收账款	100 000
预付账款	50 000	应付职工薪金	210 000
其他应收款	3 000	应交税费	
材料采购	60 000	应付股利	20 000
原材料	230 000	其他应付款	50 000
库存商品	176 589	预提费用	5 000
周转材料	110 000	长期借款	1 200
待摊费用	7 200	实收资本	200 000
固定资产	1 220 000	资本公积	700 000
累计折旧	-450 000	盈余公积	50 000
在建工程	200 000	未分配利润	40 000
无形资产	100 000		50 000
合计	2 026 200	合计	2 026 200

利华公司2016年12月发生以下经济业务：

（1）2日，向银行申请到期限为9个月的贷款300 000元，存入银行。

（2）5日，向广通公司购入不需要安装的设备一台，价款100 000元，增值税进项税额17 000元，运费、保险费3 000元，款项已经支付。

（3）8日，购入钢材一批，共30吨，单价2 000元，增值税率17%，材料已运到，并验收入库。全部款项已开出转账支票付讫。

(4) 9 日，向科达公司购入甲、乙两种材料，分别为 2 000 吨和 3 000 吨，单价分别为 48.5 元/吨和 58.5 元/吨，增值税率 17%，款项尚未支付。

(5) 12 日，甲、乙材料同时运到，随同材料转来运输部门运费、保险费收据，所列金额为 7 500 元，以银行存款支付，材料已验收入库。

(6) 12 日，摊销本月应负担的财产保险费 1 200 元。

(7) 12 日，为生产 A、B 两种产品，各部门领用材料见表 9-2，基本生产车间本月共投产 A 产品 2 000 件、B 产品 1 000 件。

表 9-2　　　　　　　　　　　　材料发出汇总表　　　　　　　　　　单位：元

领用部门	钢材	甲材料	乙材料	合计
生产产品				
A 产品	80 000	40 000	60 000	180 000
B 产品		60 000	80 000	140 000
车间一般耗用	10 000			10 000
管理部门耗用	8 000		4 000	12 000
合计	98 000	100 000	144 000	342 000

(8) 15 日，开出现金支票购买办公用品 1 000 元。其中，管理部门 700 元，生产车间 300 元。

(9) 20 日，银行转来付款通知，支付本月水电费 7 000 元，其中，生产车间 4 000 元，管理部门 3 000 元。

(10) 25 日，计算出本月应付给职工的工资 180 000 元。其中，生产 A 产品的基本生产工人工资 80 000 元，生产 B 产品的基本生产工人工资 70 000 元，车间管理人员工资 10 000 元，专设销售机构人员工资 8 000 元，厂部管理人员工资 12 000 元。

(11) 25 日，按应付职工薪金总额的 14% 计提职工福利。

(12) 25 日，以银行存款 180 000 元支付工资。

(13) 26 日，计提当月固定资产折旧 1500 元。其中，车间 1 000 元，厂部 500 元。

(14) 30 日，按生产工时分配并结转制造费用，A 产品工时 8 000 小时，B 产品工时 12 000 小时。

(15) 30 日，A、B 两种产品全部完工，已验收入库。

(16) 30 日，销售给益民公司 A 产品 1400 件，单价 300 元，增值税率 17%，款项已收到并存入银行。

(17) 30 日，销售给皖江公司 B 产品 800 件，单价 400 元，增值税率 17%，代垫运费 4 000 元，货款尚未收到。

(18) 30 日，销售给科达公司 A 产品 700 件、B 产品 500 件，单价分别为 300 元、400 元，已开出增值税专用发票，税率为 17%，全部款项均未收到。

(19) 30 日，开出金额为 80 000 元的转账支票，支付电视台广告费。

(20) 30 日，以现金支付经理招待客户就餐费 350 元。

(21) 30 日，企业销售不需用材料一批，价款 3 000 元，增值税率 17%，款项已收到并存入银行。

（22）30日，企业没收逾期未退还的包装物押金5 000元。

（23）31日，结转已销产品销售成本，同时计算出应交消费税20 000元、教育费附加5 000元。

（24）31日，将12月的收入、费用转入本年利润。

（25）31日，假定按25%计算并结转所得税费用。

（26）31日，按净利润的10%提取法定盈余公积金，分给投资者股利50 000元。

【要求】

1. 根据以上资料编制会计分录。
2. 编制科目汇总表。

五、实训题

【资料】华联公司2016年9月1日各账户的期初余额见表9-3。

表9-3　　　　　　　　　　　各账户期初余额

会计科目	总分类科目		明细分类科目	
	借方余额	贷方余额	借方余额	贷方余额
库存现金	90 000			
银行存款	133 000			
应收账款 ——A公司 ——B公司	15 000		20 000	5 000
坏账准备		400		
其他应收款	500			
原材料 ——A材料 ——B材料	82 985		80 000 2 985	
生产成本	27 000			
库存商品	81 000			
预付账款	6 015			
固定资产	719 500			
累计折旧		180 000		
待处理财产损溢	500			
短期借款		150 000		
应付账款 ——C公司 ——D公司		28 400	600	30 000

续表

会计科目	总分类科目		明细分类科目	
	借方余额	贷方余额	借方余额	贷方余额
其他应付款		4 100		
应付职工薪酬		7 200		
应交税费		12 900		
应付利息		1 400		
实收资本		532 000		
资本公积		45 000		
盈余公积		169 100		
本年利润		85 000		
利润分配	60 000			
合计	1 215 500	1 215 500		

华联公司2016年8月发生以下经济业务：

(1) 2日，收到国家投资新设备1台，原价为400 000元。
(2) 2日，从银行取得短期借款500 000元，该款项已存入银行。
(3) 3日，购入汽车一辆，价值80 000元，增值税为13600元，货款和税款已经支付。
(4) 4日，向以下供应商采购A材料288吨，货款和税款尚未支付（增值税税率为17%）。
    D公司　216吨　单价　150元　货款　32 400元　税款　5 508元
    E公司　72吨　单价　150元　货款　10 800元　税款　1 836元
(5) 5日，采购员李强预借差旅费1 000元现金。
(6) 6日，用现金支付采购A材料的运输费14 400元。
(7) 7日，用银行存款支付前欠A材料的货款和税款。
(8) 8日，采购员李强回来报销差旅费800元，余款退回。
(9) 9日，上述采购的A材料已验收入库。
(10) 10日，领用A材料和B材料情况见表9-4。

表9-4　　　　　　　　　　　　　材料领用情况

材料用途 \ 材料名称	A材料		B材料		金额合计
	数量（吨）	金额（元）	数量（吨）	金额（元）	
产品生产耗用					
其中：甲产品	108	21 600	10	100	21 700
乙产品	52	10 800	15	150	10 950
车间一般耗用			20	200	200
管理部门耗用			25	250	250
合计	162	32 400	70	700	33 100

(11) 11 日，计算本月工资见表 9-5。

表 9-5　　　　　　　　　　　　　　　本月工资

生产工人工资：	
甲产品生产工人工资	8 000 元
乙产品生产工人工资	4 000 元
车间管理人员工资	5 000 元
公司行政管理人员工资	9 000 元
合计	26 000 元

(12) 12 日，提取现金 26 000 元，并发放工资。
(13) 14 日，用现金购买办公用品 1 200 元。其中，公司行政部门办公用品费 400 元，车间办公用品费 800 元。
(14) 15 日，以银行存款支付电话费 600 元。
(15) 16 日，用银行存款支付短期借款 150 元。
(16) 17 日，销售甲产品 50 件给 E 公司，每件售价为 1 000 元；销售乙产品 100 件给 F 公司，每件售价为 800 元。E 公司的货款和税款已经存入银行，F 公司的货款和税款尚欠（增值税税率为 17%）。
(17) 18 日，以银行存款支付广告费、展览费共计 2 000 元。
(18) 19 日，出售 B 材料 200 吨给 G 公司，价款为 4 200 元，增值税额为 714 元，价款和税款尚未收到。
(19) 20 日，结转上述 B 材料的成本 2 000 元。
(20) 21 日，取得罚款收入 10 000 元，列入营业外收入。
(21) 22 日，以银行存款赞助某福利院 3 000 元。
(22) 23 日，将固定资产盘亏损失 500 元批准为营业外支出。
(23) 24 日，收到 I 公司预付购买乙产品的货款 30 000 元，存入银行。
(24) 25 日，用银行存款支付会计师事务所审计费 4 000 元。
(25) 26 日，取得出租包装物租金收入 50 000 元，已存入银行。
(26) 27 日，将本月发生的制造费 6 000 元转入"生产成本"。其中，甲产品为 4 000 元，乙产品为 2 000 元。
(27) 31 日，将本月发生的费用结转"本年利润"。
(28) 31 日，将本月发生的收入结转"本年利润"。
(29) 31 日，计算并结转本月应交所得税费用。

【要求】
1. 根据上述资料，填制记账凭证，按科目汇总表核算组织程序的程序进行账务处理。
2. 根据审核无误的记账凭证中的现金收款凭证、付款凭证和银行存款收款凭证、付款凭证，分别逐日逐笔地登记库存现金日记账和银行存款日记账，见表 9-6 和表 9-7。

表 9-6　　　　　　　　　　　　　库存现金日记账

2016年		凭证		摘要	对方科目	借方金额	贷方金额	余额
月	日	种类	编号					

表 9-7　　　　　　　　　　　　　银行存款日记账

2016年		凭证		摘要	对方科目	借方金额	贷方金额	余额
月	日	种类	编号					

3. 登记明细账。

根据审核无误的记账凭证及其所属的原始凭证或原始凭证汇总表，逐笔登记明细分类账。为了简化手续，本例只选择性地登记了具有代表性的明细账。如应付账款采用三栏式明细账进行登记，原材料采用数量金额式明细账进行登记，其他明细账的登记方法均大同小异。见表 9-8 到 9-11。

表 9-8　　　　　　　　　　　　　　在途物资明细分类账

材料名称：A 材料

计量单位：吨　　　　　　　　　　　　　　　　　　　　　　　　　　　　第　　页

2016 年		凭证		摘要	借方		合计
月	日	种类	号数		买价	采购费用	

表 9-9　　　　　　　　　　　　　　原材料明细分类账

材料名称：A 材料

计量单位：吨　　　　　　　　　　　　　　　　　　　　　　　　　　　　第　　页

2016 年		凭证		摘要	收入			发出			结存		
月	日	种类	号数		数量	单价	金额	数量	单价	金额	数量	单价	金额

表 9-10　　　　　　　　　　　　　生产成本明细分类账

材料名称：甲产品

计量单位：件　　　　　　　　　　　　　　　　　　　　　　　　　　　　第　　页

2016 年		凭证		摘要	借方			合计
月	日	种类	号数		直接材料	直接人工	制造费用	

表 9–11　　　　　　　　　　　应付账款明细分类账
户名：D公司　　　　　　　　　　　　　　　　　　　　　　　　　　　　第　　页

2012年		凭证		摘要	借方	贷方	借或贷	余额
月	日	种类	号数					

4. 编制科目汇总表。

根据新星公司2016年8月的记账凭证编制科目汇总表（为了方便工作，10天汇总一次），见表9–12。

表 9–12　　　　　　　　　　　科目汇总表
2016年8月

会计科目	1—10日发生额		11—20日发生额		21—31日发生额	
	借方	贷方	借方	贷方	借方	贷方
库存现金						
银行存款						
应收账款						
坏账准备						
其他应收款						
在途物资						
原材料						
制造费用						
生产成本						
库存商品						
预付账款						
固定资产						
累计折旧						
待处理财产损溢						
短期借款						
应付账款						
其他应付款						
应付职工薪酬						

续表

会计科目	1—10日发生额		11—20日发生额		21—31日发生额	
	借方	贷方	借方	贷方	借方	贷方
应交税费						
应付利息						
预收账款						
实收资本						
本年利润						
利润分配						
资本公积						
盈余公积						
主营业务收入						
其他业务收入						
营业外收入						
管理费用						
销售费用						
财务费用						
其他业务支出						
营业外支出						
所得税						
合计						

5. 登记总账。

在登记明细账的同时,根据审核无误的记账凭证登记总分类账,见表9-13至表9-45。

表9-13　　　　　　　　　　　　总分类账1

会计科目:库存现金　　　　　　　　　　　　　　　　　　　　　　第　　页

2016年		凭证		摘要	借方	贷方	借或贷	余额
月	日	种类	号数					

表 9-14　　　　　　　　　　　　　　总分类账 2

会计科目：银行存款　　　　　　　　　　　　　　　　　　　　　　　第　　页

2016 年		凭证		摘要	借方	贷方	借或贷	余额
月	日	种类	号数					

表 9-15　　　　　　　　　　　　　　总分类账 3

会计科目：　　　　　　　　　　　　　　　　　　　　　　　　　　　第　　页

2016 年		凭证		摘要	借方	贷方	借或贷	余额
月	日	种类	号数					

表 9-16　　　　　　　　　　　　　　总分类账 4

会计科目：　　　　　　　　　　　　　　　　　　　　　　　　　　　第　　页

2016 年		凭证		摘要	借方	贷方	借或贷	余额
月	日	种类	号数					

表 9-17　　　　　　　　　　　　　　总分类账 5

会计科目：　　　　　　　　　　　　　　　　　　　　　　　　　　　第　　页

2016 年		凭证		摘要	借方	贷方	借或贷	余额
月	日	种类	号数					

表 9-18   总分类账 6
会计科目：   第   页

2016年		凭证		摘要	借方	贷方	借或贷	余额
月	日	种类	号数					

表 9-19   总分类账 7
会计科目：   第   页

2016年		凭证		摘要	借方	贷方	借或贷	余额
月	日	种类	号数					

表 9-20   总分类账 8
会计科目：   第   页

2016年		凭证		摘要	借方	贷方	借或贷	余额
月	日	种类	号数					

表 9-21   总分类账 9
会计科目：   第   页

2016年		凭证		摘要	借方	贷方	借或贷	余额
月	日	种类	号数					

表 9–22　　　　　　　　　　　　　总分类账 10

会计科目：　　　　　　　　　　　　　　　　　　　　　　　　　　第　　页

2016 年		凭证		摘要	借方	贷方	借或贷	余额
月	日	种类	号数					

表 9–23　　　　　　　　　　　　　总分类账 11

会计科目：　　　　　　　　　　　　　　　　　　　　　　　　　　第　　页

2016 年		凭证		摘要	借方	贷方	借或贷	余额
月	日	种类	号数					

表 9–24　　　　　　　　　　　　　总分类账 12

会计科目：　　　　　　　　　　　　　　　　　　　　　　　　　　第　　页

2016 年		凭证		摘要	借方	贷方	借或贷	余额
月	日	种类	号数					

表 9–25　　　　　　　　　　　　　总分类账 13

会计科目：　　　　　　　　　　　　　　　　　　　　　　　　　　第　　页

2016 年		凭证		摘要	借方	贷方	借或贷	余额
月	日	种类	号数					

表 9－26　　　　　　　　　　　　　总分类账 14

会计科目：　　　　　　　　　　　　　　　　　　　　　　　　　　　　　　　　　　　　　　　第　　页

2016 年		凭证		摘要	借方	贷方	借或贷	余额
月	日	种类	号数					

表 9－27　　　　　　　　　　　　　总分类账 15

会计科目：　　　　　　　　　　　　　　　　　　　　　　　　　　　　　　　　　　　　　　　第　　页

2016 年		凭证		摘要	借方	贷方	借或贷	余额
月	日	种类	号数					

表 9－28　　　　　　　　　　　　　总分类账 16

会计科目：　　　　　　　　　　　　　　　　　　　　　　　　　　　　　　　　　　　　　　　第　　页

2016 年		凭证		摘要	借方	贷方	借或贷	余额
月	日	种类	号数					

表 9－29　　　　　　　　　　　　　总分类账 17

会计科目：　　　　　　　　　　　　　　　　　　　　　　　　　　　　　　　　　　　　　　　第　　页

2016 年		凭证		摘要	借方	贷方	借或贷	余额
月	日	种类	号数					

表 9-30　　　　　　　　　　　　　总分类账 18

会计科目：　　　　　　　　　　　　　　　　　　　　　　　　　　第　　页

2016 年		凭证		摘要	借方	贷方	借或贷	余额
月	日	种类	号数					

表 9-31　　　　　　　　　　　　　总分类账 19

会计科目：　　　　　　　　　　　　　　　　　　　　　　　　　　第　　页

2016 年		凭证		摘要	借方	贷方	借或贷	余额
月	日	种类	号数					

表 9-32　　　　　　　　　　　　　总分类账 20

会计科目：　　　　　　　　　　　　　　　　　　　　　　　　　　第　　页

2016 年		凭证		摘要	借方	贷方	借或贷	余额
月	日	种类	号数					

表 9-33　　　　　　　　　　　　　总分类账 21

会计科目：　　　　　　　　　　　　　　　　　　　　　　　　　　第　　页

2016 年		凭证		摘要	借方	贷方	借或贷	余额
月	日	种类	号数					

表 9–34　　　　　　　　　　　　总分类账 22
会计科目：　　　　　　　　　　　　　　　　　　　　　　　　　　　　　　　第　　页

2016 年		凭证		摘要	借方	贷方	借或贷	余额
月	日	种类	号数					

表 9–35　　　　　　　　　　　　总分类账 23
会计科目：　　　　　　　　　　　　　　　　　　　　　　　　　　　　　　　第　　页

2016 年		凭证		摘要	借方	贷方	借或贷	余额
月	日	种类	号数					

表 9–36　　　　　　　　　　　　总分类账 24
会计科目：　　　　　　　　　　　　　　　　　　　　　　　　　　　　　　　第　　页

2016 年		凭证		摘要	借方	贷方	借或贷	余额
月	日	种类	号数					

表 9–37　　　　　　　　　　　　总分类账 25
会计科目：　　　　　　　　　　　　　　　　　　　　　　　　　　　　　　　第　　页

2016 年		凭证		摘要	借方	贷方	借或贷	余额
月	日	种类	号数					

表9-38 总分类账26

会计科目：　　　　　　　　　　　　　　　　　　　　　　　　　　第　　页

2016年		凭证		摘要	借方	贷方	借或贷	余额
月	日	种类	号数					

表9-39 总分类账27

会计科目：　　　　　　　　　　　　　　　　　　　　　　　　　　第　　页

2016年		凭证		摘要	借方	贷方	借或贷	余额
月	日	种类	号数					

表9-40 总分类账28

会计科目：　　　　　　　　　　　　　　　　　　　　　　　　　　第　　页

2016年		凭证		摘要	借方	贷方	借或贷	余额
月	日	种类	号数					

表9-41 总分类账29

会计科目：　　　　　　　　　　　　　　　　　　　　　　　　　　第　　页

2016年		凭证		摘要	借方	贷方	借或贷	余额
月	日	种类	号数					

表 9–42　　　　　　　　　　　　　总分类账 30

会计科目：　　　　　　　　　　　　　　　　　　　　　　　　　　　　　　　　　第　　页

2016 年		凭证		摘要	借方	贷方	借或贷	余额
月	日	种类	号数					

表 9–43　　　　　　　　　　　　　总分类账 31

会计科目：　　　　　　　　　　　　　　　　　　　　　　　　　　　　　　　　　第　　页

2016 年		凭证		摘要	借方	贷方	借或贷	余额
月	日	种类	号数					

表 9–44　　　　　　　　　　　　　总分类账 32

会计科目：　　　　　　　　　　　　　　　　　　　　　　　　　　　　　　　　　第　　页

2016 年		凭证		摘要	借方	贷方	借或贷	余额
月	日	种类	号数					

表 9–45　　　　　　　　　　　　　总分类账 33

会计科目：　　　　　　　　　　　　　　　　　　　　　　　　　　　　　　　　　第　　页

2016 年		凭证		摘要	借方	贷方	借或贷	余额
月	日	种类	号数					

6. 对账。

期末,将现金日记账余额、银行存款日记账余额分别与总分类账有关余额核对;将总分类账的各科目余额同与其相对应的明细账合计余额核对,使账账相符。

7. 编制会计报表。

期末,首先根据审核无误的总分类账和明细分类账编制月份试算平衡表,然后根据试算平衡表编制资产负债表(略)和利润表(略)。

表 9-46   试算平衡表

2016 年 8 月

序号	会计科目	期初余额		本期发生额		期末余额	
		借方	贷方	借方	贷方	借方	贷方
1	库存现金						
2	银行存款						
3	应收账款						
4	坏账准备						
5	其他应收款						
6	在途物资						
7	原材料						
8	制造费用						
9	生产成本						
10	库存商品						
11	预付账款						
12	固定资产						
13	累计折旧						
14	待处理财产损溢						
15	短期借款						
16	应付账款						
17	其他应付款						
18	应付职工薪酬						
19	应交税费						
20	应付利息						
21	预收账款						
22	实收资本						
23	本年利润						
24	利润分配						

续表

序号	会计科目	期初余额		本期发生额		期末余额	
		借方	贷方	借方	贷方	借方	贷方
25	资本公积						
26	盈余公积						
27	主营业务收入						
28	其他业务收入						
29	营业外收入						
30	管理费用						
31	销售费用						
32	财务费用						
33	其他业务支出						
34	营业外支出						
35	所得税						
	总　　计						

习题参考答案

一、单项选择题

1．B　2．C　3．B　4．A　5．A　6．A　7．B　8．D　9．B　10．A　11．A　12．D　13．A　14．D　15．C

二、多项选择题

1．CD　2．BD　3．BC　4．ABC　5．DE　6．ABE　7．AC　8．BCD　9．ABD　10．ABCE

三、判断题

1．√　2．×　3．√　4．×　5．×　6．√　7．√　8．×　9．×　10．√　11．×　12．×　13．√　14．×　15．×　16．×　17．√

四、练习题（略）

五、实训题（略）

第十章 会计工作组织

一、单项选择题

1. 对会计机构负责人（会计主管人员）的任职要求中，除取得会计从业资格证书外，还应当具有会计师以上的专业技术资格，或者从事会计工作的时间不少于（　　）年。
   A. 2   B. 3
   C. 1   D. 5

2. 我国会计体系中居于第一层次的是（　　）。
   A. 会计法   B. 会计准则
   C. 各行业会计制度   D. 会计基础工作规范

3. 会计机构、会计人员对不真实、不合法的原始凭证和违法收支，应当（　　）。
   A. 不予受理   B. 予以受理
   C. 予以纠正   D. 予以反映

4. 会计机构、会计人员对真实、合法、合理但内容不准确、不完整的原始凭证，应当（　　）。
   A. 不予受理   B. 予以受理
   C. 予以纠正   D. 予以退回，要求更正、补充

5. 会计工作的组织形式根据（　　）可分为独立核算和非独立核算单位。
   A. 账务核算关系的性质不同   B. 各单位的组织形式
   C. 企业规模的大小   D. 企业业务的多少

6. 国有的和国有资产控股或主导的大、中型企业应设置（　　）。
   A. 会计师   B. 高级会计师
   C. 总会计师   D. 助理会计师

7. 会计移交清册一般应填制（　　）份。
   A. 1   B. 2
   C. 3   D. 4

8. 会计档案是指记录和反映经济业务事项的重要历史（　　）。
   A. 凭证   B. 资料和依据
   C. 资料和证据   D. 材料

9. 根据《会计档案管理办法》的规定，单位合并后原单位解散或一方存续、其他方解散的，原各单位的会计档案应由（　　）保管。
   A. 存续方   B. 档案局
   C. 合并前单位的主管部门   D. 财政部门

10. 其他会计核算资料是指与会计核算、会计监督密切相关、由会计部门负责办理的有关数据资料，不包括（   ）。

A. 银行对账单　　　　　　　　　　B. 存储在磁性介质上的会计数据
C. 财务数据统计资料　　　　　　　D. 生产计划书

二、多项选择题

1. 必须由厂部财务会计部门集中办理的会计业务有（   ）。
A. 对外现金的往来　　　　　　　　B. 物资购销
C. 债权债务的结算　　　　　　　　D. 全厂性会计报表的编制

2. 《会计法》中所称的财物包括（   ）等。
A. 现金和银行存款　　　　　　　　B. 原材料
C. 包装物　　　　　　　　　　　　D. 固定资产

3. 按照国家统一会计制度的要求，企业应（   ）。
A. 设置科目和账户　　　　　　　　B. 填制和审核凭证
C. 登记会计账簿　　　　　　　　　D. 编制财务会计报告

4. 出纳人员不得兼管（   ）账目的登记工作。
A. 稽核　　　　　　　　　　　　　B. 会计档案保管
C. 收入、费用　　　　　　　　　　D. 债权债务

5. 会计档案的作用包括（   ）。
A. 查证　　　　　　　　　　　　　B. 反映
C. 监督　　　　　　　　　　　　　D. 史料

三、判断题

1. 会计工作是企业经营管理的重要组成部分，同时又与统计、业务工作及其他各项管理工作密切相关。（   ）

2. 具备单独设置会计机构的单位，应在会计机构内配备专职的会计人员。（   ）

3. 企业的各项经济业务都必须集中在财务会计部门进行集中核算。（   ）

4. 未取得会计从业资格证书的人员，不得从事会计工作。（   ）

5. 会计工作岗位只能是一人一岗。（   ）

6. 出纳员不得兼管稽核、会计档案保管和收入、费用、债权债务账目的登记工作。（   ）

7. 总会计师对单位财务收支具有审批签署权，有对本单位会计人员的管理权。（   ）

8. 单位负责人应在会计档案销毁清册上签署意见。（   ）

9. 各种会计档案的保管期限，根据其特点，分为长期和短期两类。（   ）

10. 各单位保存的会计档案如有特殊需要，经本单位负责人批准，可以提供查阅或者复制，并办理登记手续。（   ）

习题参考答案

一、单项选择题

1. B 2. A 3. A 4. D 5. B 6. C 7. C 8. C 9. A 10. D

二、多项选择题

1. ABCD 2. ABCD 3. ABCD 4. ABCD 5. ABCD

三、判断题

1. √ 2. √ 3. × 4. √ 5. × 6. √ 7. × 8. √ 9. √ 10. √

基础会计综合实训

【实训目的】 掌握应用账户和借贷记账法，采用会计手工和会计电算化填制和审核凭证、登记账簿、编制会计报表的方法。

【实训要求】 根据实训资料，分别采用会计手工和金蝶 KIS 标准版软件建账、填制和审核凭证（原始凭证、记账凭证），登记库存现金日记账、银行存款日记账、总分类账、明细分类账，进行试算平衡，编制资产负债表和利润表。

【实训资料】

一、企业基本情况介绍

（一）基本资料

企业名称：合肥乐安股份有限公司　　　　　　法定代表人：程宏
企业类型：工业企业　　　　　　　　　　　　纳税人类型：增值税一般纳税人
地址：安徽省合肥市经济技术开发区天智路 666 号　电话：67755089
开户银行：中国工商银行合肥分行科学大道分理处
账户：开立一个基本存款账户　　　　　　　　账号：01400822600777
注册资金：400 万元　　　　　《企业法人营业执照》注册号：6645947788
国家税务局、地方税务局《税务登记证》登记号：340883456111
投资方名称及投资比例：①华泰公司，投资比例 60%；②昌河公司，投资比例 40%
生产概况：共设两个基本生产车间
生产的产成品为：黄山牌 DA8－7 型开孔机、黄山牌 MF6－5 型钻孔机

（二）主要组织机构、相关责任人及其职责

1. 董事长

程宏，公司法定代表人，全面负责整个公司的生产经营管理工作。

2. 财务部

（1）经理：胡杨。
（2）总账会计：你自己。
（3）出纳员：张敏。
其他略。

二、企业会计制度设计

（1）会计核算工作的组织形式：采用公司财务部集中核算形式。
（2）会计账务处理程序：采用科目汇总表账务处理程序。

（3）执行 2006 年 2 月财政部颁布的《企业会计准则》。

（4）按照借贷记账法进行核算。

（5）采用的记账凭证格式：通用记账凭证。

（6）账簿的开设：公司会计核算开设总分类账、明细分类账和日记账。其中：总分类账采用三栏式账页，日记账包括库存现金日记账和银行存款日记账，采用三栏式账页，总账和日记账均采用订本账簿。明细分类账可根据核算需要，分别选择各种格式的活页账。其中：债权、债务、资本等账簿采用三栏式账页，存货等财产物资采用数量金额式账页，固定资产可采用卡片账，生产成本、管理费用、制造费用、财务费用等可采用多栏式账页账簿。

（7）会计报表的编制：按照《企业会计准则》规定，公司统一编制资产负债表、利润表等。

（8）存货核算的规定。

原材料、库存商品等按实际成本计价。入库时，根据材料入库单逐笔登记入库材料的成本；出库时，单价按月末一次加权平均法计算单位成本，其中结存存货的成本采用倒挤法计算，计价误差计入 MF6-5 钻孔机的成本中。本企业材料、库存商品设置一套数量金额式明细账，由财会部门登记。

（9）固定资产核算的规定。

固定资产折旧计提采用平均年限法。

固定资产折旧额采用月分类折旧率计算。其中：房屋建筑物类折旧年限为 12.5 年，净残值率为 10%；机器设备类折旧年限为 10 年，净残值率为 4%；汽车采用工作量法，按实际工作量计提折旧，其他设备使用年限为 8 年，净残值为 4%。

（10）相关税费核算的规定。

本公司为增值税一般纳税人，税率为 17%。

城市维护建设税和教育费附加分别按照流转税额的 7% 和 3% 的比例计算缴纳。

企业所得税按月计提预缴，按年汇算清缴。企业所得税税率为 25%；在计算应纳税所得额时，职工工资可以据实扣除，职工福利费据实扣除；职工教育经费及工会经费在 2.5% 和 2% 范围内按实际发生额扣除；由公司承担并交纳的养老保险、医疗保险、失业保险、住房公积金等分别按上年度缴费职工月平均工资的 10%、4%、2%、10% 计算，准予税前扣除（假定本月职工工资与上年度月平均工资额相同）。

（11）利润及利润分配的规定。

年末公司税后分配给各个投资者的比例由公司董事会决定。当年税后净利润提取法定公积金和任意盈余公积金后的剩余利润的 40% 部分分配给各个投资者，按照各个投资者的投资比例进行。

（12）核算的其他规定。

会计数据计算中，要求精确到小数点后两位。单价不限小数位。

实训一 录入期初余额

◆ 2015年12月，合肥乐安股份有限公司各项目期初余额如下表所示。

期初与本年累计余额

科目代码	科目名称	期初余额（借方）	期初余额（贷方）	本年累计发生额（借方）	本年累计发生额（贷方）	本年累计损益实际发生额
1001	库存现金	7 500	0	0	0	
1002	银行存款	873 000	0	1 786 100	1 025 700	
100201	工行存款	806 000	0	1 786 100	1 025 700	
100202	美元存款	1 0000（原币）				
1122	应收账款	546 800	0	546 800	0	
112201	红皖公司	300 000	0	300 000	0	
112202	建勋公司	200 000	0	200 000	0	
112203	青山公司	46 800	0	46 800	0	
1403	原材料	1 474 000	0	0	0	
140301	铸铁	170 000	0	0	0	
140302	生铁	222 000	0	0	0	
140303	树脂	262 000	0	0	0	
140304	石英砂	250 000	0	0	0	
140305	电机	570 000	0	0	0	
1405	库存商品	2 840 000	0	0	0	
140501	DA8-7型开孔机	1 160 000	0	0	0	
140502	MF6-5型钻孔机	1 680 000	0	0	0	
1601	固定资产	3 691 000	0	0	0	
1602	累计折旧	0	509 600	0	0	
2001	短期借款	0	955 000	0	0	
2202	应付账款	0	659 100	0	659 100	
220201	明光工厂	0	360 000	0	360 000	
220202	铜陵钢铁厂	0	240 000	0	240 000	
220203	合肥市供电公司	0	59 100	0	59 100	
2211	应付职工薪酬	0	520 000	0	0	

续表

科目代码	科目名称	期初余额（借方）	期初余额（贷方）	本年累计发生额（借方）	本年累计发生额（贷方）	本年累计损益实际发生额
221101	工资	0	520 000	0	0	
2221	应交税费	0	422 500	0	0	
222102	未交增值税	0	320 000	0	0	
222104	所得税	0	91 000	0	0	
222106	城市维护建设税	0	8 000	0	0	
222107	教育费附加	0	3 500	0	0	
2501	长期借款	0	620 000	138 000	0	
4001	实收资本	0	4 000 000	0	0	
400101	华泰公司	0	2 400 000	0	0	
400102	昌河公司	0	1 600 000	0	0	
4101	盈余公积	0	900 000	0	0	
410101	法定盈余公积	0	900 000	0	0	
4103	本年利润	0	786 100	200 000	986 100	
4104	利润分配	0	660 000	0	0	
410406	未分配利润	0	660 000	0	0	
5001	生产成本	600 000	0	0	0	
500101	基本生产成本	600 000	0	0	0	
50010101	DA8-7型开孔机	280 000	0	0	0	
5001010101	直接材料	280 000	0	0	0	
50010102	MF6-5型钻孔机	320 000	0	0	0	
5001010201	直接材料	160 000	0	0	0	
5001010202	直接人工	80 000	0	0	0	
5001010203	制造费用	80 000	0	0	0	
6001	主营业务收入	0	0	986 100	986 100	986 100
600101	DA8-7型开孔机	0	0	500 000	500 000	
600102	MF6-5型钻孔机	0	0	486 100	486 100	
6401	主营业务成本	0	0	200 000	200 000	200 000
640101	DA8-7型开孔机	0	0	100 000	100 000	
640102	MF6-5型钻孔机	0	0	100 000	100 000	
	合计	10 032 300	10 032 300	3 857 000	3 857 000	

◆ 相关明细资料如下：

1. 应收账款明细账

	单位名称	借方余额	发生日期	业务编号	核算项目	摘要
应收账款	红皖公司	300 000.00	2014-11-30	001	001	应收货款
	建勋公司	200 000.00	2014-11-30	002	002	应收货款
	青山公司	46 800.00	2014-11-30	003	003	应收货款
	合计	546 800.00				

2. 应付账款明细账

	单位名称	借方余额	发生日期	业务编号	核算项目	摘要
应付账款	明光工厂	360 000.00	2014-11-30	004	001	前欠货款
	铜陵钢铁厂	240 000.00	2014-11-30	005	002	前欠货款
	合肥市供电公司	59 100.00	2014-11-30	006	003	上月未交电费
	合计	659 100.00				

3. 应交税费明细账

	明细账户	贷方余额
应交税费	所得税	91 000.00
	未交增值税	320 000.00
	应交城建税	8 000.00
	应交教育费附加	3 500.00
	合计	422 500.00

4. 原材料明细账

材料名称	计量单位	数量	单价（元）	金额
铸铁	吨	40.00	4 250.00	170 000.00
生铁	吨	60.00	3 700.00	222 000.00
树脂	吨	104.80	2 500.00	262 000.00
石英砂	吨	40.00	6 250.00	250 000.00
电机	台	300.00	1 900.00	570 000.00
合计				1 474 000.00

5. 库存商品明细账

商品名称	数量（台）	单价（元）	金额（元）
DA8－7型开孔机	290	4 000.00	1 160 000.00
MF6－5型钻孔机	480	3 500.00	1 680 000.00
合计			2 840 000.00

6. 生产成本明细账

成本项目	数量（台）	直接材料	直接人工	制造费用	合计
DA8－7型开孔机	200	280 000.00			280 000.00
MF6－5型钻孔机	280	160 000.00	80 000.00	80 000.00	320 000.00
合计					600 000.00

7. 主营业务收入明细账

商品名称	数量（台）	单价（元）	金额（元）
DA8－7型开孔机	100	5000.00	500 000.00
MF6－5型钻孔机	100	4861.00	486 100.00
合计			986 100.00

8. 主营业务成本明细账

商品名称	数量（台）	单价（元）	金额（元）
DA8－7型开孔机	100	1 000.00	100 000.00
MF6－5型钻孔机	100	1 000.00	100 000.00
合计			200 000.00

9. 固定资产期初余额的录入（多部门使用均摊使用率）

卡片一：

基本入账信息		折旧与减值准备信息
1. 代码：001	6. 类别：房屋及建筑物	1. 折旧方法：平均年限法
2. 名称：办公楼	7. 使用部门：总经办/财务部	2. 预计使用期间数：150（12.5年）
3. 固定资产科目：1601	8. 入账日期：2003－12－01	3. 折旧费用科目：660206
4. 累计折旧科目：1602	9. 增加方式：自建	4. 减值准备对方科目：6701
5. 减值准备科目：1603	10. 原值本位币：1000000	5. 原值：1000000
		6. 累计折旧：138000

卡片二：

基本入账信息		折旧与减值准备信息
1. 代码：002	6. 类别：房屋及建筑物	1. 折旧方法：平均年限法
2. 名称：厂房	7. 使用部门：开孔机生产车间/钻孔机生产车间	2. 预计使用期间数：150（12.5 年）
		3. 折旧费用科目：5101
3. 固定资产科目：1601	8. 入账日期：2003-12-01	4. 减值准备对方科目：6701
4. 累计折旧科目：1602	9. 增加方式：自建	5. 原值：1000000
5. 减值准备科目：1603	10. 原值本位币：1000000	6. 累计折旧：138000

卡片三：

基本入账信息		折旧与减值准备信息
1. 代码：003	6. 类别：机器设备	1. 折旧方法：平均年限法
2. 名称：数控机床	7. 使用部门：开孔机生产车间/钻孔机生产车间	2. 预计使用期间数：120（10 年）
		3. 折旧费用科目：5101
3. 固定资产科目：1601	8. 入账日期：2014-06-01	4. 减值准备对方科目：6701
4. 累计折旧科目：1602	9. 增加方式：购入	5. 原值：900000
5. 减值准备科目：1603	10. 原值本位币：900000	6. 累计折旧：124000

卡片四：

基本入账信息		折旧与减值准备信息
1. 代码：004	6. 类别：机器设备	1. 折旧方法：平均年限法
2. 名称：大型扫描复印一体机	7. 使用部门：总经办/财务部	2. 预计使用期间数：120（10 年）
		3. 折旧费用科目：660206
3. 固定资产科目：1601	8. 入账日期：2014-06-01	4. 减值准备对方科目：6701
4. 累计折旧科目：1602	9. 增加方式：购入	5. 原值：100000
5. 减值准备科目：1603	10. 原值本位币：10000	6. 累计折旧：13800

卡片五：

基本入账信息		折旧与减值准备信息
1. 代码：005	6. 类别：交通运输设备	1. 折旧方法：工作量法公里
2. 名称：奥迪 A6 轿车	7. 使用部门：总经办	2. 预计工作总量：200000 公里
3. 固定资产科目：1601	8. 入账日期：2014-06-01	3. 折旧费用科目：660206
		4. 减值准备对方科目：6701
4. 累计折旧科目：1602	9. 增加方式：购入	5. 原值：591000
5. 减值准备科目：1603	10. 原值本位币：591000	6. 累计折旧：82000

卡片六：

基本入账信息		折旧与减值准备信息
1. 代码：006	6. 类别：其他设备	1. 折旧方法：平均年限法
2. 名称：中央空调	7. 使用部门：总经办/车间管理部	2. 预计使用期间数：96（8年） 3. 折旧费用科目：660206/5101
3. 固定资产科目：1601	8. 入账日期：2004-06-01	4. 减值准备对方科目：6701
4. 累计折旧科目：1602	9. 增加方式：购入	5. 原值：100000
5. 减值准备科目：1603	10. 原值本位币：100000	6. 累计折旧：13800

实训二　日常账务处理的一般程序

1. 1日，从工商银行提取现金5 000元。有关单据见表综1-1。

表综1-1　中国工商银行
现金支票存根（皖）
XIN00363191

附加信息：
_____
_____

出票日期：2015年12月1日

收款人：合肥乐安股份有限公司
金额：￥5 000.00
用途：备用

单位主管：　　　　　　　会计：

2. 4日，向西南钢铁厂购入生铁50吨，铸铁60吨，运费5 600元，运费按照所购货物重量分配。材料已验收入库，货款未付。请填制材料入库单。有关单据见表综2-1至表综2-3。

表综 2-1　　　　　　　　　　　**安徽增值税专用发票**　　　　　　　　No.00962425

340007154　　　　　　　　　　　　发　票　联　　　　　　开票日期：2015 年 12 月 4 日

购买方	名　　　称：合肥乐安股份有限公司 纳税人识别号：340010468107588 地 址 、电 话：合肥市经济技术开发区天智路 666 号 67755089 开户行及账号：工行合肥分行科学大道分理处 01400822600777	密码区	7 + +9/42152 * +12 * 864 >　　加密版本：01 63 - <7503 * <1 > * / <3 < +80　3400071543 2 + < <56894588 > > * * <2569 5920 - 33/65 +5012 * / > >92　00962425

货物或应税劳务名称	规格型号	单位	数量	单价	金额	税率	税额
生铁		吨	50	3 000.00	150 000.00	17%	25 500.00
铸铁		吨	60	4 300.00	258 000.00		43 860.00
合计					￥408 000.00		￥69 360.00

价税合计（大写）	⊗肆拾柒万柒仟叁佰陆拾元整　　　　　　　　　（小写）　￥477 360.00

销售方	名　　　称：西南钢铁厂 纳税人识别号：340201194623564 地 址 、电 话：安徽省合肥市长江路 125 号 65662019 开户行及账号：中国工商银行长江路支行 05570098733558	备注	（西南钢铁厂 0023663376068 发票专用章）

收款人：夏晓明　　　复核：李犁　　　开票人：闻维伟　　　销售方：（章）

表综 2-2　　　　　　　　**货物运输业增值税专用发票**

244000620056　　　　　　　　　　　　　　　　　　　　　　　　　　　　No.00962425
00302500　　　　　　　　　　　发　票　联　　　　　　开票日期：2015 年 12 月 4 日

承运人及纳税人识别号	九华物流公司 540167185402700	密码区	7 + +9/42152 * +12 * 864 >　　加密版本：01 63 - <7503 * <1 > * / <3 < +80　3400071543 2 + < <56894588 > > * * <2569 5920 - 33/65 +5012 * / > >92　00962425
实际售票方及纳税人识别号			
收货人及纳税人识别号	合肥乐安股份有限公司 340010468107588		

起运点、经由、到达地				

费用项目及全额	费用项目　　　金额	运输货物信息	货物　重量　单价　计费　金额 铁　110 吨　8.00　700 km　5 600

合计金额	6 216.00	税率	11%	税额	616.00	机器编号	

价税合计（大写）	⊗陆仟贰佰壹拾陆元整

车种车号		车船吨位		备注	
主营税务机关及代码					

收款人：夏晓明　　　复核：李犁　　　开票人：闻维伟　　　销售方：（章）

表综 2–3　　　　　　　　　　材 料 入 库 单　　　　　　　　　　No. 000123

材料科目：材料　　　　　　　　　　　　　　　　　　　　　　供应单位：西南钢铁厂
材料类别：原料及主要材料　　　　　　　　　　　　　　　　　　收料仓库：1
发票号码：00962142　　　　　　2015 年 12 月 4 日

材料名称	计量单位	数量		实际成本					备注
		应收	实收	买价		运杂费	其他	合计	单位成本
				单价	金额					
生铁	吨	50	50	3 000	150 000.00			150 000.00	3 000.00	
铸铁	吨	60	60	4 300	258 000.00			258 000.00	4 300.00	

记账：汪越　　　　　　　　　收料：刘文辉　　　　　　　　　制单：苗小慧

3. 5 日，向工行借入为期 6 个月的贷款 50 万元。有关单据见表综 3–1。

表综 3–1　　　　　　　　　借款凭证第四联（回单）
　　　　　　　　　　　　　　　　2015 年 12 月 5 日　　　　　　　　　No. 0002369

借款单位名称	合肥乐安股份有限责任	贷款户账号	130924560222365
		存款户账号	01400822600777
借款金额	人民币（大写）伍拾万元整	亿 千 百 十 万 千 百 十 元 角 分	¥ 5 0 0 0 0 0 0 0
借款用途	生产周转	约定还款期	2016 年 6 月 5 日
上列借款已核准发放并已转入你单位账户。		备注：	
（银行盖章）			

（中国工商银行合肥分行　转账转讫）

4. 6 日，销售部李小雨去上海出差，预借差旅费 3 000 元。有关单据见表综 4–1。

表综 4–1　　　　　　　　　　借 款 凭 证
　　　　　　　　　　　　　　　　2015 年 12 月 6 日　　　　　　　　　No. 004365

借款部门：销售部		
借款理由：往上海市联系业务		现金付讫
借款数额：人民币（大写）叁仟元整　　¥ 3 000.00		
借款部门负责人意见：同意。余力	借款人（签章）：李小雨	
厂部领导批示： 　　同意。 　　程宏	会计主管审核： 　　同意。 　　胡杨	备注

第二联：财会记账

5.6 日，收到红皖公司前欠货款 20 万元。有关单据见表综 5-1。

表综 5-1　　　　　　　　中国工商银行　资金汇划（贷方）补充凭证（皖）G0523659

行名：工行合肥分行科学大道分理处　　　　　　　　　　　收报日期：2015-12-06
业务种类：汇总
收款人账号：01400822600777　　　　　　付款人账号：032001470002826
收款人户名：合肥乐安股份有限公司
付款人户名：红皖公司
大写金额：人民币贰拾万元整
小写金额：￥200 000.00　　　　　　　　收报流水号：014715421
发报行行号：205291002131　　　　　　　收报行行号：321621255
发报行行名：中国民生银行常州东城支行
打印日期：2015-12-06
用途：还货款
客户附言：
银行附言：
收电：　　　　　　　　　　记账：　　　　　　　　　　复核：

6.8 日，向兴隆公司销售 MF6-5 型钻孔机 150 台，代垫运杂费 6 000 元，以现金支付。收到转账支票一张。有关单据见表综 6-1 至表综 6-4。

表综 6-1　　　　　　　　　　产品销售出库单
购货单位：兴隆公司　　　　2015 年 12 月 8 日　　　　　　　　No.00224188

品名	单位	单价	数量	金额	备注
MF6-5 型钻孔机	件		150		
合计			150		

购货方采购员签字：胡昱魏

记账：汪越　　　　　　　　发货：刘文辉　　　　　　　　制单：苗小惠

表综 6-2
3400073361

安徽增值税专用发票
No.004635481

记账联 开票日期：2015 年 12 月 8 日

购买方	名称：兴隆公司 纳税人识别号：540560092214178 地址、电话：安徽省芜湖市汤口路 19 号 7239684 开户行及账号：工行芜湖市分行汤口分理处 3302659815636621	密码区	7+ +9/42152 * +12*864>　加密版本：01 63 - <7503 * <1 > */<3 < +80　3400071543 2 + <<56894588 >> * * <2569 5920 - 33/65 +5012 */ > >92　00962425

货物或应税劳务名称	规格型号	单位	数量	单价	金额	税率	税额
MF6-5 型钻孔机		件	150	6 000	900 000.00	17%	153 000.00
合计					¥900 000.00		¥153 000.00

价税合计（大写）	⊗壹佰零伍万叁仟元整	（小写）¥1 053 000.00

销售方	名称：合肥乐安有限责任公司 纳税人识别号：340010468107588 地址、电话：安徽省合肥市经济技术开发区天智路 666 号 67755089 开户行及账号：工行合肥分行科学大道分理处 01400822600777	备注	合肥乐安股份有限公司 0043666670116

收款人：张敏　　复核：胡杨　　开票人：闵鑫福　　销售方：（章）

第一联：记账联 销售方记账凭证

表综 6-3

合肥乐安股份有限公司往来账通知单
No.00220918

客户：兴隆公司　　2015 年 12 月 8 日　　附件：贰张

摘要	金额						
	百	十	万	千	百	十	元	角	分
代垫 MF6-5 型钻孔机运费（附运费单 No.0812667）				2	0	0	0	0	0
代垫 MF6-5 型钻孔机装车费（附装卸车费单 No.0052478）				4	0	0	0	0	0
合计（大写）：人民币陆仟元整				6	0	0	0	0	0
备注：代垫运杂费原始单据已交兴隆公司									

划账单位（盖章）　　会计主管：胡杨　　出纳：张敏　　制单：闵鑫福

表综 6-4

中国工商银行进账单（收账通知） 3
No.0092052

2015 年 12 月 8 日

出票人	全称	兴隆公司	收款人	全称	合肥乐安股份有限公司
	账号	3302659815636621		账号	01400822600777
	开户银行	工行芜湖市分行汤口支行		开户银行	工行合肥分行科学大道分理处

金额	人民币（大写）	壹佰零伍万玖仟元整	亿 千 百 十 万 千 百 十 元 角 分 ¥　　 1 0 5 9 0 0 0 0 0

票据种类	转账支票	票据张数	壹张
票据号码	XIV007654321		

开户银行签章

复核　　记账

7. 9 日,以工行存款支付生产车间维修费 5000 元。有关单据见表综 7-1 和表综 7-2。

表综 7-1

中国工商银行　业务委托书　3

INDUSTRIAL AND COMMERCIAL BANK OF CHINA　APPLICATION FOR MONEY TRANSFER

委托日期 DATE 2015 年 Y 12 月 M 9 日　　　　　　　　　　　　　　　　　　　皖 A 01253655

银行打印	中国工商银行合肥分行 转账 转讫										
客户填写	业务类型 TYPE	☑电汇 T/T　□信汇 M/T　□汇票申请书 B/D □本票申请书 P/D　□其他 OTHERS		汇款方式： TYPE OF REMITTANCE		□普通　　　□加急 REGULAR　　URGENT					
	委托人 APPLI- CANT	全　称 FULL NAME	合肥乐安股份有限公司	收款人 PAYEE	全　称 FULL NAME	芜湖顺达机修公司					
		账号或者地址 ACCOUNT NO. OR ADDRESS	01400822600777		账号或者地址 ACCOUNT NO. OR ADDRESS	004300913363127					
		开户行名称 ACCOUNT BANK NAME	工行合肥分行科学大道分理处		开户行名称 ACCOUNT BANK NAME	工行芜湖市镜湖路支行					
		开户银行 ACCOUNT BANK	安徽省　合肥市 PROVINCE　CITY		开户银行 ACCOUNT BANK	安徽省　芜湖市 PROVINCE　CITY					
金额（大写）人民币伍仟元整 AMOUNT IN WORDS RMB				亿	千	百	十	万	千	百	十	元	角	分
									¥ 5	0	0	0	0	0

支付密码 S. C	上列款项及有关费用请从我账户内支付。
加急汇款签字 SIGNATURE FOR URGENT PAYMENT	The above remittance and relate charges are to be draw on my account.
附加信息及用途： MESSAGE AND PURPOSE 支付维修费	客户签章 Applicant signature and/or stamp. （加盖预留银行印鉴）

事后监管：　　　　会计主管：　　　　复核：　　　　记账：

注：本业务委托书一式三联：第一联记账联，交银行；第二联发报或出票依据，交银行；第三联回单联，银行盖章后退回给企业据以入账。

表综 7-2   **安徽省加工修理修配统一发票**

客户名称   发一票一联   发票代码 144000341109

及地址：合肥乐安股份有限公司   2015 年 12 月 9 日   发票号码 003426826

第二联：收款人开户行给收款人的受理回单

项目说明	单位	数量	单价	超过仟元无效	金额						备注
					千	百	十	元	角	分	
生产车间维修费					5	0	0	0	0	0	
合计金额（大写）伍仟元整				小写合计	5	0	0	0	0	0	

说明：①本发票为裁剪式。大写栏填写的仟位和百位金额必须与剪票栏剪下的金额一致，否则为无效发票。
②发票联发生裁剪错误，应作废，并全套保存。

开票人：程静   收款人：范文   开票单位（盖章）

8. 12 日，向上海金运公司销售 DA8-7 型开孔机 160 台，购货方采取提货制，已向银行办委托收手续。有关单据见表综 8-1 至表综 8-3。

表综 8-1   **安徽增值税专用发票**   No. 004635481

3400073368   记一账一联   开票日期：2015 年 12 月 12 日

购买方	名称：上海金运公司 纳税人识别号：109883342890223 地址、电话：上海市淮海路3828号 25941364 开户行及账号：工行淮海路支行 51026591467809	密码区	7+ +9/42152 * +12 * 864 > 加密版本：01 63 - <7503 * <1 > */ <3 < +80 3400071543 2 + < <56894588 > > * * <2569 5920 - 33/65 +5012 */ > >92 004635481

货物或应税劳务名称	规格型号	单位	数量	单价	金额	税率	税额
DA8-7 型开孔机		件	160	10 000	1 600 000.00	17%	272 000.00
合计					¥1 600 000.00		¥272 000.00

价税合计（大写）	⊗壹佰捌拾柒万贰仟元整	（小写）¥1 872 000.00

销售方	名称：合肥乐安股份有限公司 纳税人识别号：340010468107588 地址、电话：合肥市经济技术开发区天智路666号 67755089 开户行及账号：工行合肥分行科学大道分理处 01400822600777	备注	

收款人：张敏   复核：胡杨   开票人：闵鑫福   销售方：（章）

第二联：记账联 销售方记账凭证

表综 8-2　　　　　　　　　　　　**托收凭证（受理回单）**
　　　　　　　　　　　　委托日期：2015 年 12 月 12 日

业务类别		委托收款（☑邮划　□电划）			托收承付（□邮划　□电划）		
付款人	全称	上海金运公司		收款人	全称	合肥乐安股份有限公司	
	账号	5102659147809			账号	0140082260777	
	地址	上海市	开户行 工行淮海路支行		地址	安徽省合肥市	开户行 工行合肥分行科学大道分理处
金额	人民币（大写）壹佰捌拾柒万贰仟元整			千 百 十 万 千 百 十 元 角 分			
				¥　1　8　7　2　0　0　0　0　0			
款项内容	DA8-7型开孔机款	托收凭据名称	销售发票、运输费单据	附单据张数		2张	
商品发运情况		货已发运		合同名称号码		购销合同 12-0768 号	
备注：　　　　　　　款项收妥日期				收款人开户银行签章（工行合肥分行科学大道分理处 票据受理专用章 收妥后用）			
复核　　　记账　　　　　　年　月　日				年　月　日			

表综 8-3　　　　　　　　　　　　**产品销售出库单**
购货单位：富民公司　　　　　2015 年 12 月 12 日　　　　　　　No.000126

品名	单位	单价	数量	金额	备注
DA8-7型开孔机	件		160		
购货方采购员签字：张春					

第二联：记账联

9. 15 日，交纳上月增值税 320 000 元。有关单据见表综 9-1。

表综 9-1

纳税人编号：013007755465　　　　中华人民共和国
隶属关系：　　　　　　　　　　　税收通用缴款书　　　　（2015）皖国缴电
注册类型：有限责任公司　　填发日期：2015 年 12 月 04 日　　征收机关：合肥市国家税务局
　　　　　　　　　　　　　　　　　　　　　　　　　　　　　　　　　　直属事务分局

交款单位	代号	34073456109	预算科目	编码	101010103
	全称	合肥乐安股份有限公司		名称	工业企业增值税
	开户银行	工行合肥分行科学大道分理处		级次	中央75%，县区25%
	账号	01400822600777	收款国库	工行合肥支行中央与地方共享购入 53400000023	

税款所属时期：2015 年 11 月 1 日至 2015 年 11 月 30 日　　税款限缴期限：2015 年 12 月 15 日

品目名称	课税数量	计税金额或销售收入	税率或单位数额	已缴或扣除额	实缴金额
工业 17%		2 000 000.00	17%	3 080 000.00	320 000.00
金额合计	人民币大写（大写）⊗叁拾贰万元整				￥320 000.00

交款单位（人）（盖章）经办人（章）	税务机关（盖章）填票人（章）	上列款项已收妥并划转收款单位账户。 国库（银行）盖章　　年　月　日	备注 一般申报 银税 20092800068 安徽省国家税务局

10.15 日，缴纳上月的城建税 8 000.00 元、教育费附加 3 500.00 元。有关单据见表综 10-1。

表综 10-1

　　　　　　　　　　　　　中华人民共和国
　　　　　　　　　　　　税收电子转账专用完税证　　　（2015-12）皖地 701542210 号
填发日期：2015-12-15　　　　　　　　　　　　　　　电子交易流水号：12700553314411

纳税人代码：0130700934　　　　　　　征收机关：合肥经济开发区地方税务局
纳税人全称：合肥乐安股份有限公司　　收款银行：中国工商银行合肥分行科学大道分理处
纳税人缴款账号：00337788044311109　　国库：34301552011

税种（品目名称）	预算科目、预算级次	税款所属时期	实缴税款
教育费附加收入——其他单位（附加）	科目 103020301 预算级次 4000	2015-11-01-2015-11-30	￥3 500.00
城市维护建设税——所在地为市区的城建税	科目 103010903 预算级次 4000	2015-11-01-2015-11-30	￥8 000.00
金额大写（大写）⊗壹万壹仟伍佰元整			￥11 500.00

主管税务机关（盖章）	银行收款（盖章）	缴款单位经手人（盖章）	注	字别号：30643 票证号码：9100935804 票证名称： 税收电子转账专用完税证（电脑平推）

11. 16日，随同商品出售出租包装木箱，取得租金收入3 000元，押金收入20 000元，已存入银行。有关单据见表综11 – 1至表综11 – 2。

表综11 – 1　　　　　　　　　　　现金存款凭证（回单）
交款日期：2015年12月16日　　　　　　　　　　　　　　　　　　　　　No.0023659

款项来源	包装木箱租金			收款单位名称	合肥乐安股份有限公司							
现金计划项目				收款单位账号	01400822600777							
				收款单位开户行	工行合肥分行科学大道分理处							
人民币（大写）⊗贰万叁仟元整					十	万	千	百	十	元	角	分
						¥2	3	0	0	0	0	0
券别	张数	金额	券别	张数	金额	券别	张数	金额				
壹佰元	200	20 000	贰元			伍分			上项现金收讫无误。收款员			
伍拾元	60	3 000	壹元			贰分						
贰拾元			伍角			贰分						
贰拾元			贰角									
伍元			壹角									

（无收款员收讫章无效）

表综11 – 2　　　　　　　　安徽省合肥市租赁业发票　　　　发票代码244080770231
客户名称及地址：桃花园贸易公司　　2015年12月16日　　　发票号码00072563

项目	单位	数量	租期	单价	金额							备注
					千	百	十	元	角	分		
包装木箱租金	个	300	壹个月	10.00	3	0	0	0	0	0		
合计人民币（大写）	⊗叁仟元整				3	0	0	0	0	0		

开票人：闵鑫福　　　　　　收款人：张敏　　　　　　开票单位（盖章）

12. 18日，业务员姚小明以现金报销管理部门业务招待费1 000.00元。有关单据见表综12 – 1至表综12 – 2。

表综12 – 1　　　　　　合肥乐安股份有限公司费用报销封面
　　　　　　　　　　　　　2015年12月18日

开支内容：业务招待费		单据张数：1	
共计报销金额：壹仟元整（人民币大写）		¥1 000.00	
负责人审批意见：同意报销。 　　　　　　　　　程宏 　　　　　　　2015年12月18日		报销人	工作部门：业务部 姓名（签字）：姚小明
会计审核意见：已核。 　　　　　　　　　胡杨 　　　　　　　2015年12月18日		出纳报销	2015年12月18日

表综 12－2　安徽省合肥市服务业娱乐业有奖发票
发票联

发票代码　234010900501
发票号码　00326269
税务登记号　3404460124161－1
客户：合肥乐安股份有限公司
餐饮费　　1 000.00
小计　　￥1 000.00
现金　　￥1 000.00
人民币（大写）壹仟元整
防伪号码 000000640054BE7056760
合肥市创新酒数
地址：长江路158号
（除客户名称外，非机器打印及无发票专用章或财务专用章无效）

2015 年 12 月 18 日

13. 20 日，报销销售部李小雨差旅费 2 930 元，退回现金 70 元。有关单据见表综 13－1 和表综 13－2。

表综 13－1　　　　　　　　　差旅费报销单
附件：壹佰壹拾张　　　　2015 年 12 月 20 日

部门名称	销售部		出差人	李小雨	部门领导签字		同意报销。刘力
出差事由	往南京市联系业务						
地点	合肥市		出差日期：自 2015 年 12 月 8 日至 2015 年 12 月 12 日共 5 天				
项目	交通工具		市内交通费	旅馆费	伙依补助		其他
	火车	汽车					
	1 000.00	500.00	180.00	950.00	300.00		
报销总额	人民币（大写）贰仟玖佰叁拾元整						￥2 930.00
预借差旅费	￥3 000.00				补领金额		
					交回余款		￥70.00

单位主管：程宏　　　财务主管：胡杨　　　审核人：胡杨　　　报销人：李小雨

表综 13－2　　　　　　　　　　收　据
2015 年 12 月 20 日

今收到：李小雨			
交来：出差剩余数			
人民币（大写）柒拾元整		￥70.00	
收款单位（公章）		收款人	现金付讫
		交款人	陈伟

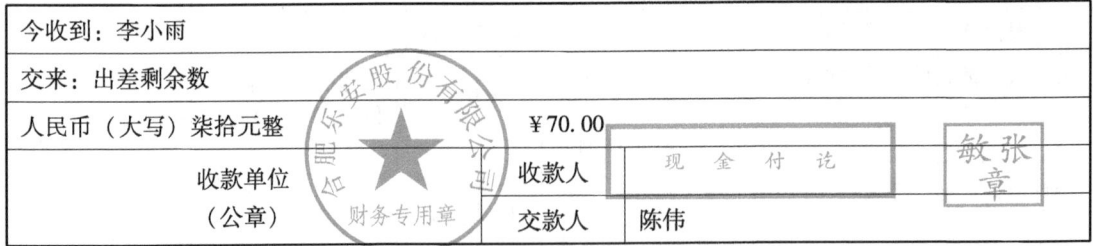

14. 20 日,提现 612 500.00 元,备发工资。有关单据见表综 14-1。

表综 14-1　中国工商银行
现金支票存根(皖)
XIN0025873

附加信息:_____

_____

出票日期:2015 年 12 月 20 日

收款人:合肥乐安股份有限公司
金额:¥612 500.00
用途:备用

单位主管:　　　　　　会计:

15. 20 日,以现金发放工资。见表综 15-1。

表综 15-1　　　　工资结算汇总表　(简表)
编制单位:乐安股份有限公司　　2015 年 12 月　　　　　　单位:元

部门 \ 项目		人数	基本工资、奖金、津贴	应付工资	代扣款项			实发工资
					住房公积金	代扣养老、医疗、失业保险	个人所得税	
生产车间	管理人员	4	80 000	80 000	8 000	12 800	1 500	57 700
	工人	8	500 000	500 000	50 000	80 000	5 000	365 000
行政管理人员		4	170 000	170 000	17 000	27 200	6 000	119 800
销售部		4	100 000	100 000	10 000	16 000	4 000	70 000
合计		20	850 000	850 000	85 000	136 000	16 500	612 500

会计主管:刘凯　　　　　　复核:张新　　　　　　制表:李安
注:养老金按 10% 代扣;医疗保险按 4% 代扣;住房公积金按 10% 代扣;失业保险按 2% 代扣

16. 21 日,购买解放牌卡车一辆,专门用于销售,货款 30 万,增值税税率 17%,以转账支票支付。有关单据见表综 16-1 和表综 16-2。

表综 16 – 1 安徽增值税专用发票 No. 00193828

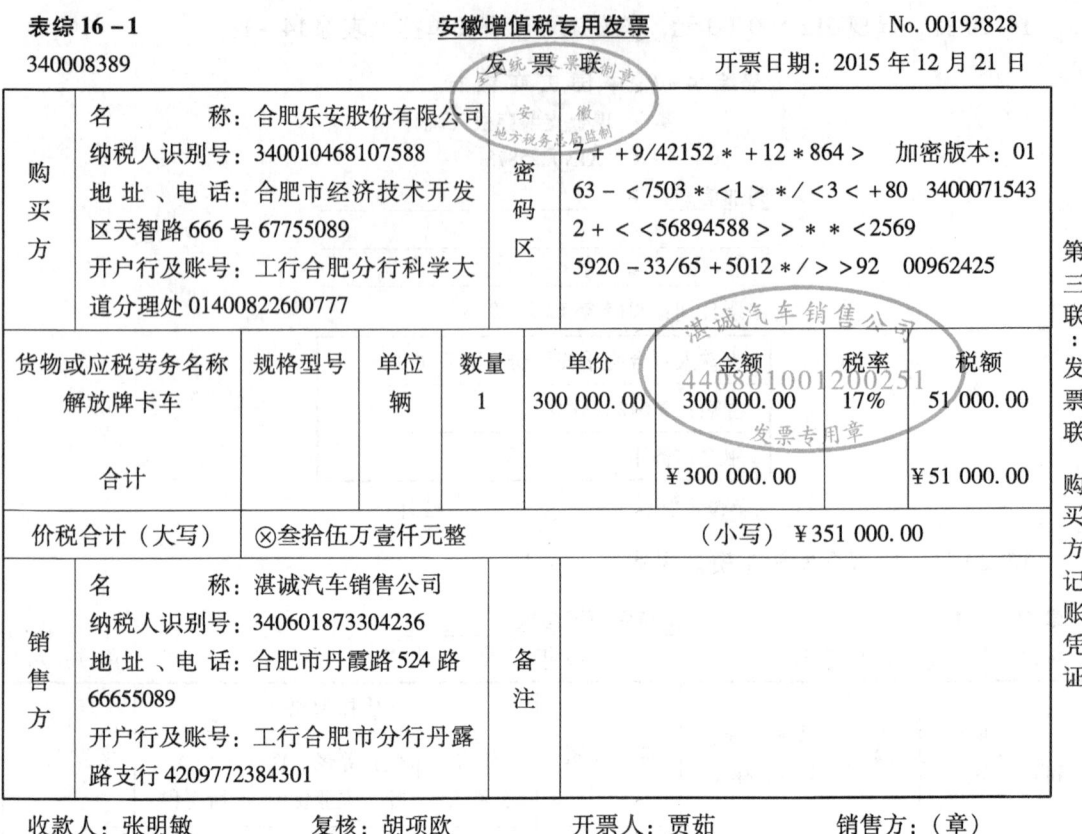

表综 16 – 2 中国工商银行
现金支票存根（皖）
XIN00365215

附加信息：_____

出票日期：2015 年 12 月 21 日

| 收款人：湛诚汽车销售公司 |
| 金额：¥351 000.00 |
| 用途：购解放牌卡车 |

单位主管：　　　　　　会计：

17. 21 日，购买办公用品 950 元，当即交付使用，其中车间 300 元、厂房办公室 650 元，款以现金支付。有关单据见表综 17 – 1。

表综 17-1　　　　　　　　　安徽省商品销售统一发票

客户名称　　　　　　　　　　　发　票　联　　　　　　　　发票代码 34077558800

及地址：合肥乐安股份有限公司　　2015 年 12 月 21 日　　　发票号码 1170165766

品名及规格	单位	数量	单价	超过仟元无效	金额 百	十	元	角	分	备注
钢笔	支	22	15.00		3	3	0	0	0	
笔记本	本	20	5.00		1	0	0	0	0	
笔筒	个	20	6.00		1	2	0	0	0	
计算器	只	8	50.00		4	0	0	0	0	
合计金额（大写）⊗玖佰伍拾元整				小写合计	9	5	0	0	0	

开票人：余英明　　　　　　　收款人：尤雨　　　　　　　　业户名称：（盖章）

18. 21 日，收回建勋公司前欠货款 100 000 元（托收邮划）。有关单据见表综 18-1。

表综 18-1　　　　　　　　　托收凭证（贷方凭证）4

委托日期：2015 年 12 月 21 日　　　　　付款期限：　年　月　日

业务类别			委托收款（□邮划　□电划）		托收承付（☑邮划　□电划）			
付款人	全称	建勋公司			收款人	全称	合肥乐安股份有限公司	
	账号	500188339200682				账号	01400822600777	
	地址	浙江省杭州市	开户行	工行云溪路分理处		地址	安徽省合肥市	开户行	工行合肥分行科学大道分理处
金额	人民币（大写）壹拾万元整				千	百	十	万	千	百	十	元	角	分
						¥	1	0	0	0	0	0	0	0
款项内容	DA8-7型开孔机款	托收凭据名称	销售发票运输费单据	附单据张数	4 张
商品发运情况		货已发运	合同名称号码	购销合同 12-542 号
备注：		上列款项已划回收入你方账户内。		收款人开户行签章	
复核　　记账		2015 年 12 月 21 日		2015 年 12 月 21 日	

19. 21 日，向泰安贸易公司购入树脂 50 吨，货已验收入库，货款商定下月支付。有关单据见表综 19-1 和表综 19-2。

表综 19-1　　　　　　　　　　　　　　材料入库单　　　　　　　　　　　　No.000124

材料科目：材料　　　　　　　　　　　　　　　　　　　　　　　　　　　　供应单位：泰安贸易公司
材料类别：原料及主要材料
发票号码：008809029　　　　　　　　　2015 年 12 月 21 日　　　　　　　收料仓库：1 库

材料名称	计量单位	数量		实际成本						备注
		应收	实收	买价		运杂费	其他	合计	单位成本	
				单价	金额					
树脂	吨	50	50	2 600	130 000.00			130 000.00	2 600.00	

记账：汪越　　　　　　　　　　　收料：刘文辉　　　　　　　　　　　　制单：苗小慧

表综 19-2　　　　　　　　　　　　江西增值税专用发票　　　　　　　　　　No.008809029

6500900852　　　　　　　　　　　发　票　联　　　　开票日期：2015 年 12 月 21 日

购买方	名　　　称：合肥乐安股份有限公司 纳税人识别号：340010468107588 地　址、电话：合肥市经济技术开发区天智路 666 号 67755089 开户行及账号：工行合肥分行科学大道分理处 01400822600777	密码区	7++9/42152*+12*864> 加密版本：01 63-<7503<1>*/<3<+80 3400071543 2+<<56894588>>**<2569 5920-33/65+5012*/>>92 00962425

货物或应税劳务名称	规格型号	单位	数量	单价	金额	税率	税额
树脂		吨	50	2 600.00	130 000.00	17%	22 100.00
合计					￥130 000.00		￥22 100.00

价税合计（大写）	⊗壹拾伍万贰仟壹佰元整　　　　　　　　（小写）￥152 100.00

销售方	名　　　称：泰安贸易公司 纳税人识别号：700189234400179 地　址、电话：江西省九江市庐山路 309 号 53796032 开户行及账号：工行庐山路支行 0899211100783208	备注	

收款人：鲁原　　　　　复核：　　　　　　开票人：洪青霞　　　　　　销售方：（章）

第三联：发票联　购买方记账凭证

20. 23 日，向立原公司销售 MF6-5 型钻孔机 200 台，已经向开户行办妥委托收款手续，款项尚未收回。有关单据见表综 20-1 至表综 20-3。

表综 20-1　　　　　　　　　安徽增值税专用发票　　　　　　　　No.009801126
3500900855　　　　　　　　　　记账联　　　　　　　　开票日期：2015 年 12 月 23 日

购买方	名　　称：立原公司 纳税人识别号：360030119880112 地址、电话：浙江省杭州市利民路 11 号 86355089 开户行及账号：工行杭州市分行利民支行 0230089001177308	密码区	7+ +9/42152＊+12＊864＞　　加密版本：01 63-＜7503＊＜1＞＊/＜3＜+80　3400071543 2+＜＜56894588＞＞＊＊＜2569 5920-33/65+5012＊/＞＞92　00962425

货物或应税劳务名称	规格型号	单位	数量	单价	金额	税率	税额
MF6-5 型钻孔机		台	200	10 000	2 000 000.00	17%	340 000.00
合计					￥2 000 000.00		￥340 000.00

价税合计（大写）	⊗贰佰叁拾肆万元整	（小写）￥2 340 000.00

销售方	名　　称：合肥乐安股份有限公司 纳税人识别号：340010468107588 地址、电话：合肥市经济技术开发区天智路 666 号 67755089 开户行及账号：工行合肥分行科学大道分理处 01400822600777	备注	（合肥乐安股份有限公司 0043666670116 发票专用章）

收款人：张敏　　　　复核：胡杨　　　　开票人：闵鑫福　　　　销售方：（章）

第一联：记账联　销售方记账凭证

表综 20-2　　　　　　　　　托收凭证（受理回单）
委托日期：2015 年 12 月 23 日

	业务类别	委托收款（□邮划　□电划）		托收承付（☑邮划　□电划）			
付款人	全称	立原公司	收款人	全称	合肥乐安股份有限公司		
	账号	0230089001177308		账号	01400822600777		
	地址	浙江省杭州市	开户行	工行杭州市分行利民支行	地址	安徽省合肥市	开户行	工行合肥分行科学大道分理处

金额	人民币（大写）贰佰叁拾肆万元整	千	百	十	万	千	百	十	元	角	分
			￥	2	3	4	0	0	0	0	0

款项内容	钻孔机款	托收凭据名称	销售发票	附单据张数	2 张
商品发运情况		货已发运		合同名称号码	购销合同 012-235 号
备注：		款项收妥日期		收款人开户银行签章	2015 年 12 月 23 日
复核　　记账			年　月　日		

表综 20-3　　　　　　　　　　**产品销售出库单**

收货单位：立原公司　　　　2015 年 12 月 23 日　　　　　　　No. 004224190

品名	单位	单价	数量	金额	备注
MF6-5 型钻孔机	台		200		
合计			200		

购货方采购员签字：高明理

记账：汪越　　　　　　　　发货：刘文辉　　　　　　　　制单：苗小惠

21. 25 日，向泰安贸易公司购石英砂 60 吨，货到验收入库，款未付。有关单据见表综 21-1 和表综 21-2。

表综 21-1　　　　　　　　　　**材料入库单**

材料科目：材料　　　　　　　　　　　　　　　　　　　　　　　No. 000124
材料类别：原料及主要材料　　　　　　　　　　　　供应单位：泰安贸易公司
发票号码：008809029　　　　　2015 年 12 月 25 日　　　收料仓库：1 库

材料名称	计量单位	数量		实际成本						备注
		应收	实收	买价		运杂费	其他	合计	单位成本	
				单价	金额					
石英砂	吨	60	60	6 200	372 000.00			372 000.00	6 200.00	

表综 21-2　　　　　　　　　　**江西增值税专用发票**

35000298831　　　　　　　发　票　联　　　　开票日期：2015 年 12 月 25 日

购买方	名　　　称：合肥乐安股份有限公司 纳税人识别号：340010468107588 地址、电话：合肥市经济技术开发区天智路 666 号 67755089 开户行及账号：工行合肥分行科学大道分理处 01400822600777	密码区	7++9/42152*+12*864>　　加密版本：01 63-<7503<1>*/<3<+80　3400071543 2＜＜56894588＞＞*＜2569 5920-33/65+5012*/>>92　00962425

货物或应税劳务名称	规格型号	单位	数量	单价	金额	税率	税额
石英砂		吨	60	6 200.00	372 000.00	17%	63 240.00
合计					¥372 000.00		¥63 240.00

价税合计（大写）	⊗肆拾叁万伍仟贰佰肆拾元整	¥435 240.00

销售方	名　　　称：泰安贸易公司 纳税人识别号：700189234400179 地址、电话：江西省九江市庐山路 309 号 53796032 开户行及账号：工行庐山路支行 0899211100783208	备注	泰安贸易公司 081142411566 发票专用章

收款人：鲁原　　　复核：陆伟光　　　开票人：洪青霞　　　销售方：（章）

第三联：发票联　购买方记账凭证

22. 25 日，向富民公司销售 DA8-7 型开孔机 100 台，收到转账支票一张。有关单据见表综 22-1 至表综 22-3。

表综 22-1　　　　　　　　　　　安徽增值税专用发票　　　　　　　No.004635481
3400073368　　　　　　　　　　　　记账联　　　　　　　开票日期：2015 年 12 月 25 日

购买方	名称：富民公司 纳税人识别号：340088291443028 地址、电话：芜湖市开源路 346 号 6778423 开户行及账号：工行芜湖市分行开源支行 3572659816522490	密码区	7++9/42152*+12*864> 63-<7503*<1>*/<3<+80 2+<<56894588>>**<2569 5920-33/65+5012*/>>92	加密版本：01 3400071543 00962425
货物或应税劳务名称 DA8-7 型开孔机	规格型号	单位 台	数量 100	单价 8 800	金额 880 000.00	税率 17%	税额 149 600.00
合计					￥880 000.00		￥149 600.00
价税合计（大写）	⊗壹佰零贰万玖仟陆佰元整				（小写）￥1 029 600.00		
销售方	名称：合肥乐安股份有限公司 纳税人识别号：340010468107588 地址、电话：合肥市经济技术开发区天智路 666 号 67755089 开户行及账号：工行合肥分行科学大道分理处 01400822600777	备注		

收款人：张敏　　　复核：胡杨　　　开票人：闻鑫福　　　销售方：（章）

表综 22-2　　　　　　　　　　　产品销售出库单
购货单位：富民公司　　　　　　2015 年 12 月 25 日　　　　　　　　　No.000126

品名	单位	单价	数量	金额	备注
DA8-7 型开孔机	件		100		
购货方采购员签字：张春					

记账：汪越　　　　　　　发货：刘文辉　　　　　　　制单：苗小惠

表综 22-3 　　　　　　　中国工商银行进账单（收账通知）
　　　　　　　　　　　　　　　　2015 年 12 月 25 日

出票人	全称	富民公司			收款人	全称	合肥乐安股份有限公司								
	账号	3572659816522490				账号	01400822600777								
	开户银行	工行芜湖市分行开源支行				开户银行	工行合肥分行科学大道分理处								
金额	人民币（大写）	壹佰零贰万玖仟陆佰元整			亿	千	百	十	万	千	百	十	元	角	分
					￥	1	0	2	9	6	0	0	0	0	0
票据种类	转账支票	票据张数	壹张		开户银行签章										
票据号码	XIV00056465														
复核　　　　记账															

23. 26 日，缴纳所得税 91 000.00 元。有关票据见表综 23-1。

表综 23-1 　　　　　　　　中华人民共和国
　　　　　　　　　　　税收电子转账专用完税证　　（2015-1）皖地 701542210 号

填发日期：2015-12-26　　　　　　　电子交易流水号：32008023511554416

纳税人代码：0130700934　　　　　　征税机关：合肥经济开发区地方税务局
纳税人全称：合肥乐安股份有限公司　收款银行：中国工商银行合肥分行科学大道分理处
纳税人缴款账号：00337788044311109　国库：34301552011

税种（品目名称）	预算科目、预算级次	税款所属时期	实缴税款
企业所得税——企业所得税	科目 10123396 预算级次 1047	2015-11-01-2015-11-30	￥91 000.00

金额大写（大写）玖万壹仟元整　　　　　　　　　　　￥91 000.00

主管税务机关（盖章）	银行收款（盖章）	缴款单位经手人（盖章）	备注	字别号：20061 票证号码：7015564560 票证名称： 税收电子转账专用完税证（电脑平推）

此凭证不得用于收款现金税款，仅作纳税人电子转账完税凭证（电脑打印　手工填写无效）

24. 26 日，支付公司办公室汽车修理费 2 500 元。有关票据见表综 24-1 和表综 24-2。

表综 24-1　　中国工商银行
　　　　　　　现金支票存根（皖）
　　　　　　　XIN00125358

附加信息：_____
　　　　　_____

出票日期：2015 年 12 月 26 日

收款人：合肥市阳阳修理厂
金额：￥2 500.00
用途：汽车修理费

单位主管：　　　　　　　会计：

表综 24-2   **安徽省加工修理修配统一发票**

客户名称及地址：合肥乐安股份有限公司   2015年12月26日   发票代码 14400731148   发票号码 00326510

项目说明	单位	数量	单价	超过仟元无效	金额						备注
					千	百	十	元	角	分	
汽车修理费					2	5	0	0	0	0	
合计金额（大写）贰仟伍佰元整				小写合计	2	5	0	0	0	0	
说明											

开票人：陈静   收款人：范文   开票单位：（盖章）

25. 27日，收回立原公司前欠货款。有关单据见表综25-1。

表综 25-1   **托收凭证**（收款通知单）4

委托日期：2015年12月23日   （白纸蓝油）

业务类别		委托收款（□邮划 □电划）		托收承付（☑邮划 □电划）									
付款人	全称	立原公司		收款人	全称	合肥乐安股份有限公司							
	账号	0230089001177308			账号	01400822600777							
	地址	浙江省杭州市	开户行	工行杭州市支行	地址	安徽省合肥市	开户行	工行合肥分行科学大道分理处					
金额	人民币（大写）	陆拾万零捌仟肆佰元整			千	百	十	万	千	百	十	元	角	分
						¥	6	0	8	4	0	0	0
款项内容	电冰箱款	托收凭据名称	销售发票	附单据张数			2张						
商品发运情况		货已发运		合同名称号码			购销合同12-542号						
备注	复核 记账	款项收妥日期 2015年12月27日		收款人开户银行签章 2015年12月27日									

第三联：收款人开户行给收款人的收款通知单

26. 27日，从日神电机公司购入电机500台，并验收入库，货款下月支付。有关单据见表综26-1和表综26-2。

表综 26-1   **材料入库单**   No.000127

材料科目：材料   供应单位：日神电机公司
材料类别：外购件
发票号码：00543261   2015年12月27日   收料仓库：2库

材料名称	计量单位	数量		实际成本						备注
		应收	实收	买价		运杂费	其他	合计	单位成本	
				单价	金额					
电机	台	500	500	1 800.00	900 000.00			900 000.00	1 800.00	

记账：张洋   收料：李强   制单：周涛

表综 26-2　　　　　　　河北增值税专用发票　　　　　No.0056785
3500298831　　　　　　　　发　票　联　　开票日期：2015 年 12 月 27 日

购买方	名　　　称：合肥乐安股份有限公司 纳税人识别号：340010468107588 地　址、电　话：合肥市经济技术开发区天智路 666 号 67755089 开户行及账号：工行合肥分行科学大道分理处 01400822600777	密码区	7 + +9/42152 * +12*864 >　加密版本：01 63 - <7503 * <1 > * / <3 < +80　3400071543 2 + < <56894588 > > * * <2569 5920 - 33/65 +5012 * / > >92　00962425

货物或应税劳务名称	规格型号	单位	数量	单价	金额	税率	税额
电机	TZR	台	500	1 800	900 000.00	17%	153 000.00
合计					¥900 000.00		¥153 000.00

价税合计（大写）	⊗壹佰零伍万叁仟元整	（小写）¥1 053 000.00

销售方	名　　　称：河北日神电机公司 纳税人识别号：441225194623465 地　址、电　话：河北省郑州市青海路 18 号 23698688 开户行及账号：工行青海路支行 635656325976877	备注	

收款人：徐斌　　复核：张笑　　开票人：郭峰墨　　销售方：（章）

27. 27 日，因违约，支付飞鹏公司违约金 5 000 元，请您填写下列空白支票并作为附件。有关单据表综 27-1 和表综 27-2。

表综 27-1　　　　　　　飞鹏公司收款收据
交款单位名称：合肥乐安股份有限公司　2015 年 12 月 27 日　　　　No.0035890

交来：合同违约金			
人民币（大写）伍仟元整		¥5 000.00	
收款单位 （公章）	会计主管	孙龙	出纳
	备注：		

表综 27-2　　　　　　　　　　　　中国工商银行　转账支票　　　　No.

中国工商银行
转账支票存根（皖）
No.3333344

科　目 _____
对方科目 _____
出票日期：　年 月 日

| 收款人： |
| 金　额： |
| 用　途： |

单位主管：　　　　会计：

出票日期（大写）　年 月 日　　付款行名称：
收款人：　　　　　　　　　　　出票人账号：

人民币 （大写）	千	百	十	万	千	百	十	元	角	分

用途：　　　　　　　　　　　科目（借）_____
上列款项请从　　　　　　　　对方科目（贷）_____
我账户内支付。　　　　　　　转账日期　年 月 日
出票人签章　　　　复核　　　记账

28. 28日，偿付前欠铜陵钢铁厂货款200 000元（汇兑）。有关单据见表综28-1。

表综28-1

中国工商银行　业务委托书　3
INDUSTRIAL AND COMMERCIAL BANK OF CHINA　APPLICATION FOR MONEY TRANSFER

委托日期 DATE 2015年Y 12月M 28日D　　　　　　　　　　　　　　　　　　　皖A 01253655

银行打印	中国工商银行合肥分行（转账转讫）						
客户填写	业务类型 TYPE	☑电汇T/T　□信汇M/T　□汇票申请书B/D □本票申请书P/D　□其他OTHERS		汇款方式： TYPE OF REMITTANCE	□普通　□加急 REGULAR　URGENT		
	委托人 APPLI- CANT	全　称 FULL NAME	合肥乐安股份有限公司	收款人 PAYEE	全　称 FULL NAME	铜陵钢铁厂	
		账号或者地址 ACCOUNT NO. OR ADDRESS	01400822600777		账号或者地址 ACCOUNT NO. OR ADDRESS	005570098733558	
		开户行名称 ACCOUNT BANK NAME	工行合肥分行科学大道分理处		开户行名称 ACCOUNT BANK NAME	工行铜陵市黄山路支行	
		开户银行 ACCOUNT BANK	安徽省　合肥市 PROVINCE　CITY		开户银行 ACCOUNT BANK	安徽省　铜陵市 PROVINCE　CITY	

金额（大写）人民币 AMOUNT IN WORDS RMB　贰拾万元整	百	十	万	千	百	十	元	角	分
		￥	2	0	0	0	0	0	0

支付密码 S.C	
加急汇款签字 SIGNATURE FOR URGENT PAYMENT	上列款项及有关费用请从我账户内支付。 The above remittance and relate charges are to be draw on my account. 客户签章 Applicant signature and/or stamp. （加盖预留银行印鉴）
附加信息及用途： MESSAGE AND PURPOSE 还前欠货款	

事后监管：　　　　会计主管：　　　　复核：　　　　记账：

注：本业务委托书一式三联：第一联记账联，交银行；第二联发报或出票依据，交银行；第三联回单联，银行盖章后退回给企业据以入账。

29. 28日，以工行存款支付广告费9万元。有关单据见表综29-1和表综29-2。

表综29-1 中国工商银行
转账支票存根（皖）
XIN0062525

附加信息：_____

_____

出票日期：2015年12月28日

| 收款人：合肥市扬名广告公司 |
| 金额：¥90 000.00 |
| 用途：产品广告费 |

单位主管：　　　　　会计：

表综29-2 安徽省合肥市服务业发票

客户名称及地址：合肥乐安股份有限公司　　2015年12月28日

发票代码 345080770627
发票号码 00602527

收费项目	数量	单价	金额							备注
			万	千	百	十	元	角	分	
产品广告费			9	0	0	0	0	0	0	
合计 人民币（大写）	⊗玖万元整		9	0	0	0	0	0	0	

说明：1. 此发票不适用饮食业、娱乐业和旅游业；
　　　2. 此发票金额必须顶格填开，不足或超过限额填开，全票均属无效。

开票人：甘志安　　　　收款人：吴东成　　　　开票单位（盖章）

31. 28日，向市红十字会捐款8 000美元。有关单据见表综30-1和表综30-2。

表综30-1　安徽省行政事业性单位统一银钱收据　　AB352216　6　4
2015年12月28日　　　　　　　　　　　　　　　　　财政

| 今收到：合肥乐安股份有限公司 |
| 交来：救灾捐款 |
| 美元（大写）捌仟元整　　　　　　　　　　$8 000.00 |
| 收款单位（公章）合肥市红十字会　　　收款人（盖章）陈静 |

第二联：收据

表综 30-2   中 国 工 商 银 行
　　　　　　转账支票存根（皖）
　　　　　　XIN0062525

附加信息：_____
　　　　　_____

出票日期：2015 年 12 月 28 日

收款人：合肥市红十字会
金额：￥8 000.00
用途：捐款

单位主管：　　　　　　　　会计：

32. 31 日，支付办公室上月电话费。有关单据见表综 31-1 和表综 31-2。

表综 31-1　　中国电信　安徽省电信有限公司合肥市分公司收费专用发票
　　　　　　CHINATELECOM　　　　　　　　　　　　　　　　246080743325

客户名称：合肥乐安股份有限公司　　　　　　　　　　　　号码：6124512
开户银行：工行合肥分行科学大道分理处　　　　　　　　　银行账户：01400822600777
计费周期：2015-12-01-2015-12-31　　　　　　　　　　　　2015 年 12 月 31 日填开

项目	金额（元）	项目	金额（元）	项目	金额（元）
固定费	620.00				
通话费	1 049.46				
套餐费	25.00				
优惠赠送	00.00				
E 家套餐费用	1 351.04				
固定费	24.00				
通话费	885.00				
代收费	50.00				
优惠赠送	0.00				

备注：本月应收：4 005.00　上月未付：0.00　余额冲减：0.00
　　　本月实收：4 005.00　下月应补：0.00
应收合计（大写）人民币肆仟零伍元整

收款员：900002　打印工号：6235　打印时间：2015-12-31 09：15：16：13　收款单位（盖章）
说明：本发票经收款单位和收款员盖章方有效。　　　　　　　　　　　（本发票手写无效）

表综 31-2　　　　　　　　　中国商银行代理业务回单
　　　　　　　　　　　　　　扣款日期：2015.12.31

借方	户名	合肥乐安股份有限公司	贷方	户名	代理电信资金清算
	账号	01400822600777		账号	2021529911901211790
金额		人民币肆仟零伍元整			￥4 005.00
备注		缴费月份：2015.12		缴费号码：61204512	

会计（主管）：　　　　　　　　　　　　　　　　记账：

32. 31日,原材料发出汇总。请登记相关材料明细账,按照月末一次加权平均法结转发出材料成本。有关单据见表综32-1至表综32-10。

表综32-1　　　　　　　　　　　出　库　单
领用单位：生产车间　　　　　　2015年12月2日

品名	单位	单价	数量	金额	用途
生铁	吨		30		生产两产品,各占50%
铸铁	吨		20		生产两产品,各占50%

二记账联

仓管员：王亮　　　　　　　　　　　　　　　　　　　　　经手人：查丽

表综32-2　　　　　　　　　　　出　库　单
领用单位：生产车间　　　　　　2015年12月5日

品名	单位	单价	数量	金额	用途
树脂	吨		40		生产DA8-7型开孔机
石英砂	吨		20		生产DA8-7型开孔机

二记账联

仓管员：王亮　　　　　　　　　　　　　　　　　　　　　经手人：刘春

表综32-3　　　　　　　　　　　出　库　单
领用单位：生产车间　　　　　　2015年12月10日

品名	单位	单价	数量	金额	用途
树脂	吨		20		生产MF6-5型钻孔机
石英砂	吨		20		生产MF6-5型钻孔机

二记账联

仓管员：王亮　　　　　　　　　　　　　　　　　　　　　经手人：刘春

表综32-4　　　　　　　　　　　出　库　单
领用单位：生产车间　　　　　　2015年12月12日

品名	单位	单价	数量	金额	用途
生铁	吨		30		生产两产品,各占50%
铸铁	吨		30		生产两产品,各占50%

二记账联

仓管员：王亮　　　　　　　　　　　　　　　　　　　　　经手人：查丽

表综 32-5　　　　　　　　　　　　出　库　单
领用单位：生产车间　　　　　　2015 年 12 月 14 日

品名	单位	单价	数量	金额	用途
电机	台		100		生产 DA8-7 型开孔机
电机	台		180		生产 DA8-7 型开孔机

仓管员：王亮　　　　　　　　　　　　　　　　　　　　　　经手人：刘春

（第二联 记账联）

表综 32-6　　　　　　　　　　　　出　库　单
领用单位：生产车间　　　　　　2015 年 12 月 20 日

品名	单位	单价	数量	金额	用途
生铁	吨		20		生产两产品，各占 50%
铸铁	台		20		生产两产品，各占 50%

仓管员：王亮　　　　　　　　　　　　　　　　　　　　　　经手人：查丽

（第二联 记账联）

表综 32-7　　　　　　　　　　　　出　库　单
领用单位：生产车间　　　　　　2015 年 12 月 26 日

品名	单位	单价	数量	金额	用途
树脂	吨		20		生产 MF6-5 型钻孔机
石英砂	吨		20		生产 MF6-5 型钻孔机

仓管员：王亮　　　　　　　　　　　　　　　　　　　　　　经手人：刘春

（第二联 记账联）

表综 32-8　　　　　　　　　　　　出　库　单
领用单位：生产车间　　　　　　2015 年 12 月 28 日

品名	单位	单价	数量	金额	用途
树脂	吨		30		生产 DA8-7 型开孔机
石英砂	吨		20		生产 DA8-7 型开孔机

仓管员：王亮　　　　　　　　　　　　　　　　　　　　　　经手人：刘春

（第二联 记账联）

表综 32-9　　　　　　　　　　　　出　库　单
领用单位：生产车间　　　　　　2015 年 12 月 27 日

品名	单位	单价	数量	金额	用途
电机	台		100		生产 DA8-7 型开孔机
电机	台		200		生产 MF6-5 型钻孔机

仓管员：王亮　　　　　　　　　　　　　　　　　　　　　　经手人：刘春

（第二联 记账联）

表综32-10　　　　　　　　　材料费用分配汇总表
2015年12月31日　　　　　　　　　　　　　　　　　单位：元

材料部门及用途		生铁	铸铁	树脂	石英砂	电机	合计
生产车间	生产DA8-7型开孔机						
	生产MF6-5型钻孔机						
	合计						

33. 31日，计提本月固定资产折旧。有关单据见表综33-1。奥迪A6轿车工作量5 000公里。

表综33-1　　　　　　　　　固定资产折旧计算表
2015年12月31日

类别 部门	房屋			机器设备			汽车			其他设备			合计
	原值	月折旧率	月折旧额	原值	月折旧率	月折旧额	原值	月折旧率	月折旧额	原值	月折旧率	月折旧额	
开孔机生产车间													
钻孔机生产车间													
车间管理部													
财务部													
企业管理部门													
合计													

34. 31日，付出银行借款利息，本期应承担的利息全部列作财务费用。有关单据见表综34-1。

表综34-1　　　　中国工商银行贷款利息清单（付款通知）
2015年12月31日

单位名称	合肥乐安股份有限公司	结算户账号	01400822600777	你单位上述存款利息已从你单位账户扣付。 此致 单位存款 （银行盖章）
计息起讫日期		2015年10月1日至12月31日		
计息总积数		年利率	利息金额	
（略）		6%	14 325.00	
金额人民币（大写）		壹万肆仟叁佰贰拾伍元整		

35. 31日，分配本月工资84万元，根据本月工资单和工资汇总表编制工资费用分配表，有关单据见表综35-1。

表综35-1 工资费用分配表

2015年12月　　　　　　　　　　　　　　　　　　　　　　金额单位：元

项目	开孔机直接人工工资	钻孔机直接人工工资	车间管理人员工资	公司管理人员工资	销售部门人员工资	合计
生产成本	270 000	250 000				520 000
制造费用			90 000			90 000
管理费用				110 000		110 000
销售费用					120 000	120 000
合计	270 000	250 000	90 000	110 000	120 000	840 000

会计主管：胡杨　　　　　　　　复核：张新　　　　　　　　制表：闵鑫福

36. 假定以本月工资费用分配表（见表综35-1）为依据，按工资总额计提三险一金二费。有关单据见表综36-1。请再次用工资系统生成凭证。

表综36-1 三险一金二费的计提表分配表

2015年12月31日

项目 应借账户	应付工资	养老险10%	医疗险4%	失业险2%	住房公基金10%	公会经费2%	职工教育经费25%	合计
生产成本（MF6-5型钻孔机）								
生产成本（DA8-7型钻孔机）								
制造费用								
管理费用								
销售费用								
合计								

会计主管：胡杨　　　　　　　　复核：张新　　　　　　　　制表：闵鑫福

37. 31日，按照产品定额公式分配生产车间制造费用。有关单据见表综37-1。（请使用自动转账功能）

表综37-1 生产车间制造费用分配表

2015年12月31日

产品名称	定额工时（小时）	分配率	分配金额
生产DA8-7型开孔机	2 000		
生产MF6-5型钻孔机	2 800		
合计	4 800		

会计主管：胡杨　　　　　　　　复核：张新　　　　　　　　制表：闵鑫福

38. 31日，假定公司DA8-7型开孔机本月投产200件；MF6-5型钻孔机本月投产380件。至12月末，DA8-7型开孔机全部完工；MF6-5型钻孔机的材料、人工及其他生产费用按定额4∶1比例在完工与未完工进行分配。请根据生产成本明细账以及其他相关资料，计算并结转完工产成品成本，编制产品成本计算表和完工产品入库单。有关单据见表综38-1至表综38-3。（请使用自动转账功能）

表综38-1 产品成本计算单
产品名称：DA8-7开孔机　　　2015年12月31日　　　完工产量：400台　在产品：0台

项目	直接材料	直接人工	制造费用	合计
月初在产品成本				
本月发生生产费用				
本月生产费用合计				
月末在产品成本				
完工产品成本				
完工产品单位成本				

表综38-2 产品成本计算单
产品名称：MF6-5型钻孔机　　　2015年12月31日　　　完工产量：460台　在产品：200台

项目	直接材料	直接人工	制造费用	合计
月初在产品成本				
本月发生生产费用				
本月生产费用合计				
月末在产品成本				
完工产品成本				
完工产品单位成本				

表综38-3 入库单
地点：产成品库　　　　　　　　　　　　　　　　　2015年12月31日

品名	单位	单位成本	数量	金额	备注
DA8-7开孔机	台		400		
MF6-5型钻孔机	台		460		
合计					

管理员：王芳　　　　　　　　　　　　　　　　　　　　　　　　经手人：林华

39. 31日，按照库存商品期末加权平均单价，结转本月已销产品成本。有关单据见表综39-1。

表综 39-1　　　　　　　　　　**产品销售成本计算表**
　　　　　　　　　　　　　　　2015 年 12 月 31 日

产品名称	销售数量（件）	单位成本（元）	总成本（元）
DA8-7 开孔机			
MF6-5 型钻孔机			
合计			

40. 31 日，结出损益类账户余额，并结转到"本年利润"账户。有关单据见表综 40-1，结果填入表综 40-1。

表综 40-1　　　　　　　　　　**损益类账户发生额**
　　　　　　　　　　　　　　　2015 年 12 月 31 日

账户名称	借方发生额	贷方发生额
合计		

41. 31 日，企业 1—11 月企业所得税已经结清。请计算并结转本月应纳企业所得税（假定无纳税调整事项）。

（计算采用自动转账，结转填制凭证）

42. 31 日，将"本年利润"账户余额结转到"利润分配"。（自动转账）

43. 31 日，按照年度净利润提取 10% 的任意盈余公积。（自动转账）

44. 31 日，按照年度净利润提取 5% 的法定盈余公积。（自动转账）

45. 31日，按照当年税后净利润提取法定盈余公积金和任意盈余公积金后的剩余利润的40%，投资者按照各自的投资比例分配2015年净利润。（自动转账）

46. 31日，结转"未分配利润"以外的明细账户余额。（自动转账）

实训三　会计报表的编制与财务分析

任务一　资产负债表的编制

资产负债表　　　　　　　　　　　　　　会企01表

编制单位：　　　　　　　　年　月　日　　　　　　　　单位：元

资产	期末余额	年初余额	负债和所有者权益（或股东权益）	期末余额	年初余额
流动资产：			流动负债：		
货币资金			短期借款		
以公允价值计量且其变动计入当期损益的金融资产			以公允价值计量且其变动计入当期损益的金融负债		
应收票据			应付票据		
应收账款			应付账款		
预付款项			预收款项		
应收利息			应付职工薪酬		
应收股息			应交税费		
其他应收款			应付利息		
存货			应付股利		
一年内到期的非流动资产			其他应付款		
其他流动资产			一年内到期的非流动负债		
流动资产合计			其他流动负债		
非流动资产：			流动负债合计		
可供出售金融资产			非流动负债：		
持有至到期投资			长期借款		
长期应收款			应付债券		
长期股权投资			长期应付款		
投资性房地产			专项应付款		
固定资产			预计负债		
在建工程			递延收益		
工程物资			递延所得税负债		

续表

资产	期末余额	年初余额	负债和所有者权益（或股东权益）	期末余额	年初余额
固定资产清理			其他非流动负债		
生产性生物资产			非流动负债合计		
油气资产			负债合计		
无形资产			所有者权益（或股东权益）：		
开发支出			实收资本（或股本）		
商誉			资本公积		
长摊待摊费用			减：库存股		
递延所得税资产			其他综合收益		
其他非流动资产			盈余公积		
非流动资产合计			未分配利润		
			所有者权益（或股东权益）合计		
资产总计			负债和所有者（或股东权益）总计		

任务二 利润表的编制

利润表

会企02表

编制单位：　　　　　　　　　　　年　月　日　　　　　　　　　　　单位：元

项目	本期金额	上期金额
一、营业收入		
减：营业成本		
营业税金及附加		
销售费用		
管理费用		
财务费用		
资产减值损失		
加：公允价值变动收益（损失以"－"号填列）		
投资收益（损失以"－"号填列）		
其中：对联营企业和合营企业的投资收益		
二、营业利润（亏损以"－"号填列）		

续表

项目	本期金额	上期金额
加：营业外收入		
其中：非流动资产处置利得		
减：营业外支出		
其中：非流动资产处置损失		
三、利润总额（亏损总额以"－"号填列）		
减：所得税费用		
四、净利润（净亏损以"－"号填列）		
五、其他综合收益的税后净额：		
（一）以后不能重分类进损益的其他综合收益		
1. 重新计量设定受益计划净负债或净资产的变动		
2. 权益法下在被投资单位不能重分类进损益的其他综合收益中享有的份额		
……		
（二）以后将重分类进损益的其他综合收益		
1. 权益法下在被投资单位以后将重分类进损益的其他综合收益		
2. 可供出售金融资产公允价值变动损益		
3. 持有至到期投资重分类为可供出售金融资产损益		
4. 现金流量套期损益的有效部分		
5. 外币财务报表折算差额		
……		
六、综合收益总额		
七、每股收益		
（一）基本每股收益		
（二）稀释每股收益		